Erfolgsfaktor Körpersprache

Christian Püttjer und *Uwe Schnierda* arbeiten seit 1992 als Trainer und Berater in den Bereichen Karriere, Bewerbung und Rhetorik. Ihre Erfahrungen aus Seminaren und Einzelberatungen haben sie, angereichert durch viele Tipps und Übungen, in zahlreichen Ratgebern veröffentlicht. Bei Campus erscheinen von Püttjer und Schnierda unter anderem *Professionelle Bewerbungsberatung für Führungskräfte, Assessment-Center-Training für Führungskräfte, Körpersprache im Assessment-Center* und *Optimal präsentieren*.

Christian Püttjer & Uwe Schnierda

Erfolgsfaktor Körpersprache

Sicher auftreten im Beruf

Illustrationen von Hillar Mets

Campus Verlag
Frankfurt/New York

Die Deutsche Bibliothek - CIP-Einheitsaufnahme

Ein Titeldatensatz für diese Publikation ist bei Der Deutschen Bibliothek erhältlich
ISBN 3-593-36698-3

Umschlaggestaltung: Frank Koschembar/Gute Kommunikation, Frankfurt/Main
Umschlagmotiv: Holger Blatterspiel, Frankfurt/Main
Illustrationen: Hillar Mets, Tallinn
Fotos: Axel Nickolaus, Kiel
Satz: Publikations Atelier, Frankfurt/Main
Druck und Bindung: Druckhaus Beltz, Hemsbach
Gedruckt auf säurefreiem und chlorfrei gebleichtem Papier.
Printed in Germany

Inhalt

Einleitung

Kennen Sie den Nase-Nabel-Faktor? Beherrschen Sie den Körpertanz? Dringen Sie in Intimzonen ein? Wie reagieren Sie, wenn Ihnen der Spanische Reiter begegnet? Entdecken Sie mit uns die Welt der Körpersprache. Überlassen Sie die Übersetzung körpersprachlicher Signale nicht den Spezialisten. Machen Sie sich selbst zum Dolmetscher der ursprünglichsten Mitteilungsform: der Körpersprache.

Kommunikation ohne Worte

Eigentlich fasziniert Körpersprache alle Menschen, aber nur die wenigsten sind bisher tiefer in die Geheimnisse der nonverbalen Kommunikation eingedrungen. Die Relevanz der Körpersprache ist in Industrienationen eine Zeit lang aus dem Blickfeld geraten. Parallel zu den enormen Fortschritten in Technik und Naturwissenschaften hatte sich der Schwerpunkt der Informationsweitergabe auf Daten, Fakten und Sachargumente verlagert. Die rationale Kommunikation mit objektivierten Aussagen ließ dem Individuum und seinen subjektiven Mitteilungsbedürfnissen nur wenig Platz.

Zentral: der gezielte Einsatz von Körpersprache

Die sich stark verändernde Berufswelt der letzten Jahre hat dazu geführt, dass die so genannten Soft Skills – persönliche Fähigkeiten, die nichts mit dem beruflichen Fachwissen zu tun haben – eine immer größere Wichtigkeit erlangen. Im Human Resources Management sind kommunikativen Fähigkeiten und Teamarbeit gefragt. In der Berufswelt, aber auch im Privatleben müssen zwischenmenschliche Beziehungen aktiv gestaltet werden. Dabei spielen das Verständnis und der gezielte Einsatz von Körpersprache eine zentrale Rolle.

Wer die non-verbalen Signale bei der Gestaltung beruflicher Beziehungen außer Acht lässt, wird sich bei Gesprächen schnell selbst im Weg stehen. Nur wenn durch Ihr Verhalten deutlich wird, dass zwischen Ihrem gesprochenen Wort und Ihrer inneren Einstellung, symbolisiert durch Ihre Körpersprache, Einklang herrscht, werden Sie andere überzeugen können. Deshalb ist Ihre Auseinandersetzung mit Körpersprache der Erfolgsfaktor zur Bewältigung beruflicher Situationen. Hinzu kommt: Je besser Sie Einfluss auf berufliche Situationen nehmen können, desto mehr wird Ihre persönliche Zufriedenheit wachsen.

Einklang zwischen Wort und Körpersprache

Beratung

Aus unserer Beratungspraxis

Das Stachelschwein

In einem unserer Workshops sprach uns ein Teilnehmer in der Pause an und bat um unsere Hilfe. Vor kurzer Zeit hatte er seinen Arbeitsplatz gewechselt, weil er an mehr Projektarbeit interessiert war. Im neuen Unternehmen fühlte er sich jedoch ausgegrenzt. Man ließ ihn in Ruhe arbeiten, beteiligte ihn aber nicht so umfassend an Projektaufgaben, wie er es sich gewünscht hatte. Nun fühlte er sich unsicher, er hatte das Gefühl, die Kolleginnen und Kollegen würden ihm aus dem Weg gehen. Der Teilnehmer bat um unseren Rat, wie er einen besseren Draht zu seinen Kollegen entwickeln könne.

Während unseres Gespräches rückte er bis auf wenige Zentimeter an uns heran, drängte sich förmlich zwischen uns und legte uns abwechselnd die Hände auf die Schultern. Uns war schnell klar, dass dieser Teilnehmer keinerlei Gespür für Distanzzonen im Gespräch hatte. Er schien allen Menschen so nah auf die Pelle zu rücken, dass sie schnell anfingen, sich unwohl zu fühlen. Der Verdacht lag nahe, dass seine Kollegen ihm deswegen aus dem Weg gingen, weil sie keine Möglichkeiten sahen, ihn in einem Gespräch auf angemessener Distanz zu halten.

Um ihm sein Verhalten deutlich zu machen, traten wir ihm nun unsererseits zu nahe. Das Spiegeln von Verhaltensweisen ist oft der beste Weg, um Menschen ihre Wirkung auf andere unmittelbar deutlich zu machen. Wir stupsten dem Teilnehmer mit dem Zeigefinger in die Rippen, klopften ihm mit der flachen Hand auf den Rücken und manövrierten ihn in eine Raumecke. Schnell wurde der Teilnehmer nervös. In seinem Gesicht wurde Verwirrung deutlich. Er unterbrach seinen Redefluss und sah uns fragend an.

Wir erklärten ihm, was gerade passiert war, und dass wir bewusst bei ihm die Wirkung ausgelöst hatten, die er im Gespräch bei anderen Menschen hervorrief. Dadurch, dass er Distanzzonen im Gespräch nicht beachtete, rief er bei seinen Gesprächspartnern Unwohlsein und Fluchtgedanken hervor. Inzwischen war es in seiner neuen Firma wohl schon so weit, dass die Flucht von seinen Kollegen präventiv vollzogen wurde. Man ging ihm aus dem Weg, um nicht von ihm an die Wand gedrückt zu werden.

Dem Teilnehmer empfahlen wir, jetzt erst einmal bewusst auf Distanz zu gehen. Bei Begegnungen auf dem Flur sollte er ausweichen und Gespräche zunächst aus einer größeren Distanz führen. Wir rieten ihm, beim Händeschütteln seinen Arm auszustrecken und auf zumindest eine Armlänge Abstand zu achten. Beim Besprechen von Arbeitsergebnissen sollte er einige Schritte vom Tisch zurücktreten.

Einige Wochen später rief uns der Teilnehmer an und berichtete uns, dass sich die Situation in seiner Firma entspannt hätte. Sein Verhältnis zu den Kolleginnen und Kollegen war deutlich besser geworden. Er müsse zwar immer noch darauf achten, nicht zu nah an seine Gesprächspartner heranzurücken. Den Problemkern hätte er aber erkannt und würde sein Verhalten entsprechend ausrichten.

Fazit: Das Feedback über die eigene Körpersprache findet in der Regel indirekt statt. Wer sich nicht mit Körpersprache auseinander gesetzt hat, weiß meistens nicht, warum er sich in bestimmten Situationen oder in der Gesellschaft bestimmter Menschen unwohl fühlt. Ihre Beschäftigung mit der Körpersprache dient nicht nur dazu, andere zu durchschauen, sondern auch zu ermitteln, wie Sie auf andere wirken. Erarbeiten Sie sich ein Gespür dafür, welche körpersprachlichen Signale Sie selbst aussenden und welche Reaktionen Sie von Ihrer Umwelt bekommen.

Souveränes Auftreten erlernen

In diesem Ratgeber zur Körpersprache im Berufsleben erklären wir Ihnen Schritt für Schritt, wie Sie zum Profi im Verständnis der non-verbalen Kommunikation werden. Lassen Sie sich anhand unserer zahlreichen Fotos, Beispiele und Übungen zeigen, wie Sie Gesprächssituationen in Ihrem Sinne beeinflussen können. Im Berufsleben sind Sie mit den unterschiedlichsten Personengruppen konfrontiert: Sie müssen mit Kollegen zusammenarbeiten, Mitarbeiter anleiten, Vorgesetzten Bericht erstatten oder Kunden beraten.

Wenn Sie sich Ihrer eigenen Körpersprache bewusst sind und körpersprachliche Signale Ihrer Gesprächspartner deuten können, werden Sie auch souveräner auftreten. Es wird Ihnen leichter fallen, sich in Konferenzen zu behaupten, Verkaufsgespräche erfolgreich abzuschließen, Ergebnisse zu präsentieren, für eine reibungslose Zusammenarbeit zu sorgen und in Beratungsgesprächen zu überzeugen.

Sie werden die grundlegenden Regeln der Körpersprache kennen lernen, deren Bedeutung wir Ihnen in typischen beruflichen Situationen vor Augen führen. Mithilfe unserer Übungen können Sie Ihre Wahrnehmung eigener und fremder Körpersprache schärfen. Beispiele aus dem Berufsleben und unsere Fotos erleichtern Ihnen den Transfer Ihres neuen Wissens in die Praxis.

Willkommen in der Wunderwelt der Körpersprache

Ein wesentlicher Aspekt wird Sie in unseren Ausführungen durchgehend begleiten: Die Bedeutung von situations- und typangemessenem Verhalten. Es gibt keine universellen körpersprachlichen Strategien, die in jeder Situation nutzbringend sind. Wenn Sie Ihre Ziele erreichen wollen, müssen Sie zuerst die Situation analysieren, um sich angemessen verhalten zu können. Wenn Sie sich gegen Menschen durchsetzen wollen, müssen Sie eine andere Körpersprache zeigen, als wenn Sie mit Menschen zusammenarbeiten wollen. Ein Beratungsgespräch beim Kunden stellt andere Anforderungen an Ihre Körpersprache als ein Kritikgespräch mit einem Mitarbeiter.

Analysieren Sie die Situation

Außerdem ist auch nicht jede Art der Körpersprache für alle Menschen gleich gut geeignet. Wer als eher ruhiger Typ plötzlich wild gestikulierend auftritt, wirkt unglaubwürdig. Der sparsame Einsatz von Gesten ist in diesem Fall typangemessener und unterstützt die Wirkung auf andere viel effektiver. Verleugnen Sie nicht Ihre Persönlichkeit. Achten Sie immer darauf, dass Sie auch mit Ihrer Körpersprache glaubwürdig bleiben.

Probieren Sie neue Möglichkeiten aus

Erweitern Sie mit unserer Hilfe Ihr Arsenal der körpersprachlichen Möglichkeiten: Versetzen Sie sich in die Lage, flexibel auf Herausforderungen zu reagieren. Probieren Sie die neuen Möglichkeiten aus, die wir Ihnen in diesem Ratgeber vorstellen. Wir wissen, dass es nicht immer leicht ist, die eingefahrenen Wege des eigenen Verhaltens zu verlassen. In unseren Seminaren und Workshops erleben wir aber meist, dass es in erster Linie die fehlenden Alternativen sind, die im zwischenmenschlichen Kontakt unbefriedigende Entwicklungen in Gang setzen.

Lösen Sie sich von Verhaltensweisen, die Sie nicht weiterbringen. Wir zeigen Ihnen, wie Sie Ihr Berufsleben einfacher und angenehmer gestalten können. Verabschieden Sie sich von dem unbewussten Einsatz Ihrer Körpersprache. Lernen Sie zu durchschauen, was sich abseits der Worte zwischen Menschen abspielt. Das Verständnis von Körpersprache ist ein wesentlicher Faktor für Ihre eigene Zufriedenheit und die Sympathie, die man Ihnen entgegenbringt: Nutzen auch Sie den Erfolgsfaktor Körpersprache.

I

Körpersprache: die Königsdisziplin der Kommunikation

1

Körpersprachliche Fehler

Warum verlaufen viele Gespräche nicht so, wie wir es uns vorstellen? Wieso haben wir oft das Gefühl, dass wir uns besser hätten darstellen können? Die Antwort liegt oft in unserer Körpersprache. Mit Worten umzugehen haben wir gelernt. Die Regeln der Körpersprache hat uns jedoch niemand beigebracht. Aber durch eine unangemessene Körpersprache hervorgerufene Missverständnisse können zu echten Sympathie-Killern werden. Setzen Sie sich mit Ihrer Körpersprache auseinander, um bewusster agieren und Störfaktoren ausschalten zu können.

Viele Menschen fühlen sich im Umgang mit ihren Mitmenschen unsicher und überfordert. Der Wunsch nach einem reibungslosen Miteinander – vor allem im Zusammenhang mit beruflichen Aufgabenstellungen – ist immer wieder zu hören. In ihrer Freizeit haben die meisten mit Menschen zu tun, zu denen sie einen guten Draht haben. Warum man sich aber gerade mit diesen Menschen gut versteht und mit anderen nicht, wird nur von den wenigsten hinterfragt. Im Berufsleben kann man sich seine Mitmenschen nur begrenzt aussuchen. Hier steht man vor der Herausforderung, mit Vorgesetzten, Kollegen, Mitarbeitern und Kunden auskommen zu müssen.

Was passiert bei zwischenmenschlichen Kontakten?

Die Frage »Warum lassen sich Kontakte zu bestimmten Menschen angenehm gestalten und warum habe ich mit anderen Menschen immer wieder Schwierigkeiten?« lässt sich nur beantworten, wenn man herausfindet, was bei zwischenmenschlichen Kontakten eigentlich alles eine Rolle spielt.

Sympathie-Killer im Berufsalltag

Dass die falschen Worte zu Konflikten führen können und dass Missverständnisse aufkommen, wenn man sich nicht angemessen mitteilen kann, ist den meisten Menschen bewusst. Es gibt aber auch eine Ebene neben der Sprache, die für die Beziehungen von Menschen zueinander ganz besonders wichtig ist. Auf diese Beziehungsebene haben natürlich auch die Worte, die man miteinander wechselt, einen Einfluss. Viel wichtiger ist jedoch eine Sprache, die wir nie in der Schule gelernt haben und die wir nur unbewusst verwenden: die Körpersprache.

Das unbewusste Erlernen von Körpersprache

Selbst wenn wir schweigen, spricht unser Körper. Und genauso wie beim Austausch von Worten gibt es vielfältige Möglichkeiten für Missverständnisse bei körpersprachlichen Signalen. Im Grunde haben wir uns alle unsere Körpersprache im Laufe der Zeit genauso angeeignet wie unser sprachliches Vermögen: Wir haben uns an Vorbildern orientiert, bestimmte Gesten angenommen, Eigenarten ausgebildet und bestimmte Rituale des Umgangs miteinander übernommen. Im Gegensatz zum Spracherwerb haben wir den Einsatz und das Verständnis von Körpersprache jedoch nie bewusst trainiert. In der Schule gibt es kein Fach »Körpersprache«, und wer nicht gerade Schauspieler oder Tänzer werden will, wird die Körpersprache auch nie als Bestandteil seiner Ausbildung oder seines Studiums antreffen.

Gezielte Aussagen über die Körpersprache

Der einzige Lehrsatz zur Körpersprache, der den meisten gegenwärtig ist, lautet: »Sitz gefälligst gerade am Tisch!« Mit diesem Satz endet für die meisten von uns auch schon die bewusste Auseinandersetzung mit Körpersprache. Niemand hat uns jemals erklärt, wie bestimmte körpersprachliche Aussagen auf andere Menschen wirken, wie wir Gesten und Mimik deuten können und wie man mit Körpersprache gezielte Aussagen machen kann. Da sich die Wahrnehmung der Körpersprache im Umgang mit unseren Mitmenschen niemals ausblenden lässt, kann sie sich natürlich auch zum Störfaktor entwickeln. Von den Folgen körpersprachlicher Missverständnisse sind wir dann regelmäßig überrascht und wissen nicht, was überhaupt vor sich gegangen ist.

Vermeiden Sie unpassende körperliche Aussagen

Den guten Draht zu anderen Menschen und deren Sympathie kann man sich schnell verscherzen, wenn man unpassende körpersprachliche Aussagen macht. Wer anderen mit seiner Körpersprache mitteilt, dass er sie für unfähig, langweilig, bedeutungslos, uninteressant, störend oder auch hoffnungslos überlegen hält, kann nicht mit der Akzeptanz seiner Gesprächspartner rechnen.

Die wichtigsten körpersprachlichen Sympathie-Killer im Berufsalltag lassen sich grob in sechs Kategorien häufig auftretender Verhaltensmuster einteilen. Mit Ihrer Körpersprache können Sie unbewusst

- die Beziehungsebene zerstören,
- Gesprächspartner ausgrenzen,
- Revierverletzungen begehen,
- sich selbst entwerten,
- Ignoranz ausstrahlen und
- den wichtigen ersten Eindruck trüben.

Sie verfügen bereits über ein reiches Repertoire

Auch wenn Sie erst anfangen, sich mit Körpersprache zu beschäftigen, haben Sie einen großen Vorteil: Sie müssen nicht ganz bei Null beginnen. Schließlich haben Sie schon ein körpersprachliches Repertoire aufgebaut. Es geht jetzt darum, zu lernen, in welchen Situationen welche körpersprachlichen Signale sinnvoll sind und welche Sie besser vermeiden sollten.

Wir werden Ihnen nun anhand von typischen Beispielen aus dem Berufsleben vorstellen, wie durch die Sympathie-Killer eine negative Entwicklung in Gang gesetzt wird. Später erfahren Sie dann, wie Sie unpassende durch eine situationsangemessene Körpersprache ersetzen können. Wir werden Ihnen dabei helfen, sich Ihre bisher unbewussten körpersprachlichen

Werden Sie sich Ihrer Körpersprache bewusst

Signale bewusst zu machen, ein Gespür für die Anforderungen bestimmter Situationen zu entwickeln und Ihr körpersprachliches Verhaltensrepertoire zu erweitern. Ihre Auseinandersetzung mit der eigenen Körpersprache hat zur Folge, dass Sie auch die Bedürfnisse Ihrer Gesprächspartner besser erkennen können. So erreichen Sie ein tieferes zwischenmenschliches Verständnis und können berufliche Situationen aktiver gestalten.

Die Beziehungsebene zerstören

Immer wenn wir mit anderen Menschen zu tun haben, senden wir Signale aus, die unser Verhältnis zu ihnen deutlich machen. Die wesentlichen Informationen, wie wir zu dem oder den anderen stehen, werden nicht über die Worte definiert, sondern über Haltung, Gestik, Mimik, Distanz und Tonfall, also durch die Körpersprache. Ob wir einen Menschen mögen oder nicht, ob wir einer vorgetragenen Idee zustimmen oder sie ablehnen und ob ein Gesprächspartner bereit ist zuzuhören oder sich lieber anderen Dingen widmen möchte, wird oft indirekt über körpersprachliche Signale mitgeteilt.

Vielen Menschen ist gar nicht bewusst, dass sie diese indirekten Signale aussenden. Sie halten sich nur an das, was gesagt wurde, und sind dann oft überrascht, dass die Dinge eine ganz andere Entwicklung nehmen, als es besprochen wurde. Oft stehen die non-verbalen und die verbalen Botschaften sogar im Widerspruch zueinander.

Beispiel

Der alte Freund

Auf einer Party sehen Sie einen alten Bekannten, den Sie lange nicht mehr getroffen haben. Sie gehen auf ihn zu. Als er Sie wahrnimmt, sagt er: »Mensch, Horst, schön, dich mal wieder zu sehen.« Gleichzeitig hebt er aber abwehrend die Hand, tritt zwei Schritte zurück und wendet sich einem anderen Gesprächspartner zu.

Sie haben gerade zwei widersprüchliche Nachrichten erhalten. Ihr alter Bekannter vermittelt Ihnen mit seiner Körpersprache eine ganz andere Nachricht als mit seinen Worten. Sehr wahrscheinlich werden Sie darauf verzichten, ein Gespräch mit ihm zu beginnen. Die körpersprachliche Nachricht ist für Sie bedeutsamer gewesen als die Wortäußerung.

Ist dies ein vorurteilsfreier Zuhörer?

Die Kommunikationspsychologie sagt hierzu, dass es in der zwischenmenschlichen Kommunikation eine Sach- und eine Beziehungsebene gibt. Die Sachebene wird durch Wortäußerungen gestaltet und vermittelt Informationen. Die andere Kommunikationsebene, die Beziehungsebene, liefert Aussagen darüber, wie Sie die Informationen der Sachebene einordnen sollten. Menschliche Kommunikation findet niemals nur auf der Sachebene statt. Fakten, Daten und Informationen können nicht wertfrei und objektiv vermittelt werden, weil wir subjektiv empfindende Individuen sind.

Dies bedeutet: Immer wenn wir etwas sagen, drücken wir gleichzeitig aus, wie es von uns gemeint ist. Dies hat zur Folge, dass zwischen dem, was gesagt wird, und dem, was eigentlich gemeint ist, ein deutlicher Unterschied bestehen kann. Im Zweifelsfall »gewinnt« dann die Beziehungsebene: Den Signalen, die auf der Beziehungsebene gesendet werden, wird von dem Empfänger unserer Botschaften eine größere Bedeutung zugemessen als den Inhalten unserer Wortäußerung.

Beispiel

Das schöne Kleid

Wenn eine Freundin Ihnen ihr neues Kleid vorführt und Sie ausrufen: »Das ist aber ein schönes Kleid«, scheint die Botschaft zunächst klar zu sein. Wenn Sie Ihren Ausruf aber mit einem ironischen Unterton machen, die Augen verdrehen und spöttisch grinsen, bekommt der von Ihnen geäußerte Satz eine ganz andere Bedeutung. Sie können sich darauf verlassen, dass Ihre Freundin beleidigt sein wird. Sie wird den Aussagen auf der Beziehungsebene ein größeres Gewicht beimessen als Ihrer Mitteilung auf der Sachebene.

Viele Menschen haben gelernt, auf den Tonfall zu achten, in dem etwas gesagt wird. Die anderen körpersprachlichen Signale sind jedoch für die meisten Menschen ein Buch mit sieben Siegeln. Obwohl sie auf diese körpersprachlichen Signale reagieren und sie auch selbst aussenden, wissen sie nicht, was eigentlich geschieht. Dass etwas auf der Beziehungsebene nicht stimmt, wird oft erst wahrgenommen, wenn es zu einem Streit kommt und niemand mehr den eigentlichen Grund für diese Auseinandersetzung kennt.

Störungen auf der Beziehungsebene erkennen

Störungen auf der Beziehungsebene werden zum Sympathie-Killer. Setzen Sie sich dieser Gefahr nicht aus. Gestalten Sie Ihre zwischenmenschlichen Begegnungen sowohl auf der Sach- als auch auf der Beziehungsebene souverän. Setzen Sie Ihre Körpersprache gezielt ein, um die Akzeptanz und Sympathie Ihrer Gesprächspartner zu gewinnen. Steuern Sie Fehlentwicklungen auf der Beziehungsebene bewusst entgegen. Lernen Sie, die Körpersprache anderer Menschen richtig zu deuten, damit Sie Gesprächssituationen in Ihrem Sinne gestalten können.

Gesprächspartner ausgrenzen

Ein weiterer, häufig zu beobachtender Sympathie-Killer ist die körpersprachliche Ausgrenzung von Gesprächsteilnehmern. Dies geschieht häufig in Gesprächssituationen, in denen mehrere Menschen beteiligt sind. Die Versuchung ist dann groß, sich nur demjenigen zuzuwenden, mit dem man das Gespräch begonnen hat. Andere Anwesende können dann schnell aus dem Blick geraten. Besonders problematisch ist dies, wenn die Ausgegrenzten Einfluss auf die Vereinbarungen zwischen den beiden Rednern nehmen können. Ausgegrenzte Gesprächsteilnehmer schlagen irgendwann zurück.

Alle Gesprächspartner einbeziehen

Das (fast) gekaufte Haus

Beispiel

Ein Ehepaar traf sich mit einem Makler, um ein Haus zu besichtigen. Bei der Begrüßung der Kaufinteressenten wandte sich der Makler noch an beide Eheleute, danach sprach er nur noch mit dem Mann. Sie diskutierten vor allem die technischen Daten der Wärmedämmung und der Heizungsanlage. Die Frau trottete nur hinter den beiden Männern her durchs Haus. Als sie schließlich nach der Küche fragte, sah sie der Makler nur über die Schulter an und wies dem Mann den Weg zur Küche. Auch in der Küche standen die beiden Männer eng zusammen und debattierten über die Leistungsfähigkeit der Elektrogeräte. Die Frau musste sich selbst umsehen. Bei der Verabschiedung des Ehepaars äußerte sich die Ehefrau skeptisch über den Kauf des Hauses und zog ihren Mann hinter sich her zum Auto, bevor dieser weitere Abmachungen mit dem Makler treffen konnte.

Der Makler in dem Beispiel hat es versäumt, die Ehefrau des Kaufinteressenten mit in das Gespräch einzubeziehen. Er hatte sie körpersprachlich ausgegrenzt und ihr dadurch gezeigt, dass sie seiner Meinung nach nichts zu entscheiden hätte. Die Quittung folgte prompt: Die Frau machte ihre Entscheidungsbefugnis durch die Ablehnung des Angebotes sichtbar und zog ihren Mann aus dem Einflussbereich des Maklers.

Wenden Sie sich allen Gesprächspartnern zu

Im Berufsleben kommt es immer darauf an, allen an einer Entscheidung Beteiligten das Gefühl zu vermitteln, dass man auch ihre Interessen berücksichtigt. Menschen, denen man sich nicht bewusst zuwendet, zeigen schnell Antipathie oder sehen sich genötigt, sich durch Störfeuer wieder in Erinnerung zu bringen.

Auch in Besprechungen, Meetings und Konferenzen kann man häufig Teilnehmer beobachten, die selbstversunken miteinander diskutieren, ohne die anderen Anwesenden zu beachten. Die angestrebte Entscheidung wird dann letztendlich durch Einwände aus der Gruppe torpediert, mit denen man überhaupt nicht gerechnet hätte. Diese unproduktive Stimmung rührt daher, dass sich einzelne Teilnehmer ignoriert gefühlt haben.

Stellen Sie ein Wir-Gefühl her

Für uns alle ist es sehr wichtig, dass wir uns wahrgenommen fühlen. Abgesehen von der direkten Ansprache gibt es viele körpersprachliche Möglichkeiten, anderen zu signalisieren, dass man sie beachtet. Ein kurzes freundliches Zunicken, der Aufbau von Blickkontakt oder eine Öffnung der Körperhaltung helfen dabei, ein Wir-Gefühl herzustellen. Dadurch wird eine Ausgrenzung vermieden, und alle Anwesenden erhalten das Gefühl, das Ergebnis mitzutragen. Unnötige Störungen bei der Ergebnisfindung werden zugunsten einer sachlichen Auseinandersetzung aufgelöst.

Nicht zuletzt wird auch niemand, der sich ausgegrenzt fühlt, Ihnen Sympathie entgegenbringen. Integrieren Sie mithilfe Ihrer Körpersprache immer alle Gesprächspartner. So vermeiden Sie den Sympathie-Killer Ausgrenzung.

Revierverletzungen begehen

Revierverletzungen rühren an unsere archaischen Urinstinkte. Es gibt Zonen, die wir als unsere direkte Einflusssphäre definieren. Dringen Fremde unaufgefordert in diese Zonen ein, werden wir unser Revier verteidigen. Revierverletzungen sind deshalb ein schneller Weg zum Entzug von Sympathie. Wer zu dicht an andere heranrückt oder sich eines Gegenstandes bemächtigt, der zum Revier eines anderen gehört, muss mit Gegenangriffen oder zumindest einer Blockadehaltung rechnen.

Der forsche Mitarbeiter

Beispiel

Ein Mitarbeiter erschien im Zimmer seiner Chefin, um angeforderte Arbeitsergebnisse vorzustellen. Nach der Begrüßung durch die Chefin ging er um sie herum auf ihren Schreibtisch zu, schob das Telefon, den Stifthalter und die PC-Tastatur beiseite und breitete seine Unterlagen aus. Augenblicklich pfiff ihn die Chefin zurück und forderte ihn auf, zuerst einmal eine Zusammenfassung der Aufgaben zu liefern.

Die Chance, jetzt schnell zu reagieren, die Sachen wieder zusammenzupacken und hinter dem Schreibtisch hervorzutreten, nutzte der Mitarbeiter jedoch nicht. Er blieb auf der Seite des Schreibtisches stehen, an dem normalerweise seine Vorgesetzte saß, und begann seine Ausführungen von ihrem Platz aus. Später wunderte sich der Mitarbeiter, dass die Chefin seinen Ergebnissen gegenüber so kritisch eingestellt war und trotz der umfangreichen Ausarbeitung unzufrieden wirkte.

Der Schreibtisch als persönliches Revier

Im Berufsalltag wird über abgegrenzte Reviere auch der Status in der Hierarchie definiert. Es gibt einige sensible Bereiche, von denen man sich fernhalten sollte, um nicht Unmut hervorzurufen. Der Schreibtisch einer Vorgesetzten ist ihr Arbeitsplatz und der Ort, an dem Entscheidungen getroffen werden. Er gehört ganz eindeutig zum persönlichen Revier. Wenn ein Mitarbeiter anfängt, dieses Revier zu besetzen, wird die Vorgesetzte automatisch ihren Status verteidigen. In unserem Beispiel tat sie dies, indem sie die Arbeitsergebnisse des Mitarbeiteres abwertete.

Auch Kundengespräche können durch Revierverletzungen empfindlich gestört werden. Wenn sich der Verkäufer beim Kundenbesuch auf den angestammten Platz des Kunden setzt, hat er die Chance auf eine wohlwollende Prüfung seiner Angebote schon verspielt. Es ist aber noch eine zweite Form der Revierverletzung zu vermeiden: die Distanzverletzung.

Die richtige Distanz wahren

Jeder Mensch verfügt über unausgesprochene Regeln darüber, welchen Abstand zum Gesprächspartner er als adäquat ansieht. Werden diese Distanzzonen verletzt, erregt man den Unmut des Gesprächspartners. Dabei geht es nicht nur um das Verletzen der so genannten Intimsphäre. Es gibt auch Ansprachedistanzen, die beachtet werden sollten.

Beispiel

Der Fernsprecher

Ein Abteilungsleiter hatte es sich zur Gewohnheit gemacht, hinter seinen Mitarbeitern hinterherzurufen. Er ging nie auf seine Mitarbeiter zu, um ihnen etwas zu sagen. Da er aber oftmals mehr als zehn Meter von ihnen entfernt war, musste er schreien. Die Kontaktaufnahme war dadurch von vornherein belastet. Schnell hatten seine Mitarbeiter gemerkt, dass sie ihn auch ignorieren konnten, da sie sich außerhalb der üblichen Kontaktdistanz befanden. Sie drehten sich einfach nicht um und taten so, als hätten sie ihn überhört. Unter den Mitarbeitern kursierte bald die Redewendung: »Wenn der Fernsprecher klingelt, geh einfach nicht ran.« Das Spiel »Ich hab Sie doch gerufen! – Ich hab aber nichts gehört« wurde immer beliebter, bis die Autorität des Chefs völlig untergraben war.

Die richtige Distanz ist wichtig, um überhaupt eine persönliche Beziehung zum Gesprächspartner aufbauen zu können. Ist man zu weit weg, kann man körpersprachliches Feedback nicht wahrnehmen. Rückt man zu dicht an seine Gesprächspartner heran, erzeugt man eine Kampfstimmung, die eine sachliche Auseinandersetzung unmöglich macht.

Vermeiden Sie Revierverletzungen und nutzen Sie die richtige Distanz für Ihre Gesprächsabsichten. Wenn Sie Menschen in die Enge treiben oder ihr Revier verletzen, verspielen Sie jegliche Sympathie und rufen nur Angst oder Abwehr hervor.

Sich selbst entwerten

Ihre Körpersprache sagt nicht nur darüber etwas aus, wie Sie zu anderen Menschen stehen, sondern auch darüber, wie Sie sich selbst sehen. Selbstsicherheit, positive Ausstrahlung und Kompetenz werden durch Ihre körpersprachlichen Signale genauso vermittelt wie Überforderung, Unentschlossenheit oder Ängstlichkeit.

Selbstsicherheit und Kompetenz ausstrahlen

In beruflichen Situationen müssen Sie nicht nur etwas leisten, sondern Ihre Leistungen auch »verkaufen« können. Vorgesetzte, Mitarbeiter und Kunden lassen sich nur schwer überzeugen, wenn Sie unsicher wirken und dadurch Ihre Leistungen abwerten. Viele Menschen erfasssen die Widersprüche zwischen dem Gesagten und den ausgesandten körpersprachlichen Signalen intuitiv. Begleiten Sie Ihre Ausführungen nicht mit einer entsprechenden Körpersprache, werden Zweifel an der Richtigkeit Ihrer Argumente aufkommen.

Skepsis

Beispiel

Um weitere Gelder für die Entwicklung zu akquirieren, sollte ein Ingenieur einen neuen Prototyp vorstellen. Seine Ausführungen waren sehr detailliert, Kosten-Nutzen-Aspekte waren gut ausgearbeitet und die Chancen einer Markteinführung waren realistisch bewertet worden. Trotzdem schaffte es der Ingenieur nicht, weitere Mittel einzuwerben.

In der an die Präsentation anschließenden Fragerunde wich er stets den Blicken von Fragestellern aus. Er trat ständig von einem Bein aufs andere und wirkte dadurch nervös und angespannt. Seine Antworten begleitete er mit Abwertungsgesten wie Schulterzucken und dem häufigen Griff an seine Nase. Diese körpersprachlichen Signale bewirkten bei seinen Zuhörern ein Misstrauen zu seinen Ausführungen, sodass das Projekt erst einmal auf Eis gelegt wurde.

In schwierigen beruflichen Situationen zeigen viele Menschen Stresssymptome. Diese vermitteln dann den Eindruck, dass der Sprecher sich seiner Sache nicht sicher ist. Dabei ist meistens das Gegenteil der Fall: Von den Inhalten seiner Ausführungen ist der Redner absolut überzeugt, er weiß nur nicht, wie er die Situation bewältigen soll und kippt deswegen in unsicheres Verhalten. Diese Unsicherheit wird von Zuhörern oder von Gesprächspartnern registriert und auf die Sachebene übertragen. Das heißt, durch nonverbale Signale wird unabsichtlich der Eindruck erweckt, dass das unsichere Verhalten auf einer unklaren Faktenlage beruht.

Gehandikapt durch Stressgesten

Wer sich körpersprachlich selbst entwertet, baut keine Sympathie auf, da diese immer auch an die Akzeptanz eines Menschen gekoppelt ist. Erweckt jemand durch sein Auftreten Zweifel an seiner Kompetenz, wird er als Experte nicht mehr ernst genommen werden. Machen Sie es sich nicht unnötig schwer. Lernen Sie, Ihre eigene Körpersprache zu durchschauen, damit Sie sich auch in Belastungssituationen Ihrer Wirkung auf andere Menschen bewusst sind.

Ignoranz ausstrahlen

Viele Menschen reden an ihren Gesprächspartnern vorbei. Es ist aber wichtig, auf andere einzugehen, um im Gespräch Gemeinsamkeiten herauszuarbeiten und eine Einigung erzielen zu können. Fühlen sich Gesprächspartner ignoriert, werden sie Informationen verweigern und ein gegenseitiges Einvernehmen erschweren. Selbst wenn ein Gesprächsergebnis formal vereinbart wird, können Sie in dieser Situation nicht sicher sein, dass Ihre Gesprächsparteien die gleichen Konsequenzen aus dem Gespräch ziehen. Achten Sie deshalb immer auf Zustimmungs- oder Ablehnungsgesten, damit Sie herausfinden, wo noch Überzeugungsarbeit geleistet werden muss.

Achten Sie auf Zustimmungs- und Ablehnungsgesten

Der Handy-Chef

Beispiel

Ein viel beschäftigter Manager gab seine Arbeitsanweisungen immer zwischen Tür und Angel. Das Handy schien mit seinem Ohr verwachsen, und mindestens ein Auge blickte ständig auf den Computermonitor. Seine Mitarbeiter konnten längere Zeit vor ihm stehen bleiben, ohne dass er sie überhaupt wahrnahm.

Eine Kontrollmöglichkeit, ob seine Anweisungen überhaupt verstanden wurden, hatte er so natürlich nicht. Widerstände gegen die Umsetzung konnte er nicht erkennen und auch nicht auf fragende Blicke seiner Mitarbeiter reagieren. Nach einiger Zeit herrschte Chaos in seinem Unternehmensbereich.

Wenn Sie sicherstellen wollen, dass den vermittelten Informationen von allen Gesprächspartnern die gleiche Bedeutung zugemessen wird, können Sie sich nicht nur auf Wortäußerungen verlassen, sie müssen auch die Körpersprache beachten. Zustimmung, Ablehnung oder Unentschlossenheit lassen sich meistens direkt an körperlichen Reaktionen ablesen. Dies gelingt Ihnen aber nur, wenn Sie Ihre Gesprächspartner im Blick behalten.

Konzentrieren Sie sich ganz auf Ihren Gesprächspartner

Es gibt einen weiteren Grund, warum es so wichtig ist, sich auf den Gesprächspartner zu konzentrieren. Blicken Sie ständig an Ihrem Gesprächspartner vorbei oder beschäftigen Sie sich mit anderen Dingen, während Sie mit ihm reden, wird er dies als Missachtung seiner Person auslegen. Aus seiner Sicht ignorieren Sie nicht nur seine Wortbeiträge, sondern den ganzen Menschen. Als Konsequenz haben Sie dann damit zu kämpfen, dass Ihr Gesprächspartner keinen Sinn mehr darin sieht, sich mit Ihnen auseinander zu setzen, und Ihnen in Zukunft Informationen vorenthalten wird.

Vermeiden Sie ignorantes Verhalten. Lernen Sie, auch die Körpersprache anderer Menschen zu beachten. Verlassen Sie sich nicht allein auf die Wortäußerungen. Holen Sie sich eine Bestätigung dafür, dass Ihre Vorschläge und Ideen auch angekommen sind. Stellen Sie sicher, dass Sie sich über eine Vorgehensweise auch wirklich einig geworden sind.

Die unterschätzte Macht des ersten Eindrucks

Repräsentation des Unternehmens

Das Verhalten von Unternehmensmitarbeitern gegenüber Kunden fällt immer – positiv oder negativ – auf das Unternehmen zurück. Abstrakte Angebote des Unternehmens erhalten erst durch die persönliche Vermittlung das Gewicht, das den Ausschlag für Zustimmung oder Ablehnung gibt. Der erste Eindruck, den jemand vermittelt, ist entscheidend dafür, ob Interesse an ihm und den von ihm vertretenen Ansichten, Institutionen oder Firmen entsteht.

Produkte und Dienstleistungen werden immer austauschbarer. Aus diesem Grund ist das Verhalten von Unternehmensvertretern entscheidend dafür, ob sich Kunden gewinnen und halten lassen. Sympathie bei Kunden gewinnt man nicht durch abstrakte Angebote, sondern über die Menschen, die hinter diesen Angeboten stehen.

Am Messestand

Beispiel

An einem Messestand schaffte es eine Unternehmensrepräsentantin nicht, angemessenen Blickkontakt zu Standbesuchern aufzubauen. Sie registrierte zwar, wenn Kunden an den Stand traten, blickte sie aber nie direkt an. Einige Kunden gingen daraufhin gleich weiter, andere sichteten das Informationsmaterial und sahen sich Hilfe suchend um. Auf diese Signale reagierte die Standbetreuerin jedoch nicht. Nur wenn sie direkt angesprochen wurde, gab sie Auskünfte.

Da die Beraterin es nicht schaffte, Kontakt zu den Standbesuchern aufzubauen, verloren viele schnell das Interesse. Der erste Eindruck, den sie vermittelte, entwickelte sich auch für ihr Unternehmen zum Nachteil. Die Kunden fühlten sich mit ihrem Bedürfnis nach Information nicht wahrgenommen. Nur wenige waren bereit, sich wie Bittsteller an die Unternehmensvertreterin zu wenden. Im Vergleich zum Vorjahr, in dem eine andere Standbetreuerin die Firma vertreten hatte, ergaben sich viel weniger Kundenkontakte. Es gab nur wenige Adressen für Nachfassaktionen, und es waren nur kleine Mengen des Informationsmaterials unter die Messebesucher gebracht worden.

Kundengewinnung durch Offenheit und Interesse

Der Eindruck, den die Standbetreuerin vermittelte, wurde von vielen Interessenten auf ihre Firma übertragen. Der Auftritt der Unternehmensrepräsentantin ließ potenzielle Kunden vermuten, dass auch die Firma nicht sonderlich daran interessiert sei, sich mit ihren Wünschen auseinander zu setzen. Sie informierten sich lieber an anderen Ständen, an denen sie den Eindruck gewannen, besser aufgehoben zu sein.

Der erste Eindruck entsteht durch körpersprachliche Signale

Wir unterschätzen oft den ersten Eindruck, den wir anderen vermitteln. Dabei weiß man von sich selbst, dass man sich über andere Menschen meist sehr schnell ein Bild macht. Hat man sich erst einmal eine Meinung über andere gebildet, ist es für diese sehr schwer, die Einschätzung zu ändern. Da sich unser Bild von anderen oft schon vor einem Gespräch formiert, kommt der Körpersprache eine herausragende Rolle bei der Vermittlung des ersten Eindrucks zu.

Ihre Körpersprache wird von Ihrer Umwelt ständig registriert. Wie Sie gehen und stehen, wie Sie Ihren Kopf halten und welche Gesten Sie einsetzen, wird von Menschen, die Sie noch nicht näher kennen, immer registriert, um Sie einzuschätzen. Schnell entsteht ein erstes Bild von Ihnen. Man wägt ab, ob Sie eher vertrauenswürdig, kompetent und hilfsbereit oder ob Sie eher verschlossen, unsicher und zurückhaltend sind.

Im beruflichen Kontext sollten Sie den ersten Eindruck, den Sie vermitteln, bewusst gestalten. Sonst laufen Sie Gefahr, dass das erste Bild, das Ihr Umfeld sich von Ihnen macht, als Sympathie-Killer wirkt.

Im Blick

Auf einen Blick

Körpersprachliche Fehler

- Die Auseinandersetzung mit der Körpersprache wird in Schule, Ausbildung und Studium üblicherweise nicht geleistet. Dies öffnet Missverständnissen Tür und Tor.
- Die Wahrnehmung von Körpersprache lässt sich in Gesprächssituationen nicht ausblenden. Selbst wenn Menschen schweigen, spricht ihr Körper.
- Zwischenmenschliche Kommunikation findet parallel auf einer Sach- und einer Beziehungsebene statt. Die Sachebene wird durch Wortäußerungen gestaltet, die Beziehungsebene vorwiegend durch Körpersprache.

- Die meisten Menschen setzen ihre Körpersprache unbewusst ein und reagieren intuitiv auf körpersprachliche Signale anderer.
- Für jeden Menschen ist es wichtig, dass er sich in Kommunikationsprozessen wahrgenommen fühlt.
- Die körpersprachliche Ausgrenzung von Gesprächsteilnehmern rächt sich früher oder später. Wer sich ausgegrenzt fühlt, wird Ihnen seine Sympathie entziehen.
- Zu große Nähe zum Gesprächspartner stört die Kommunikation. Vermeiden Sie sowohl Revierverletzungen als auch das Eindringen in die Intimsphäre Ihres Gegenübers.
- Ihre Körpersprache verrät auch, wie Sie sich selbst sehen.
- Widersprüche zwischen Wortäußerungen und körpersprachlichen Signalen erfassen die meisten Menschen intuitiv und reagieren mit Ablehnung.
- Blicken Sie Ihre Gesprächspartner stets an. Zum einen können Sie nur dadurch ihre Körpersignale wahrnehmen. Zum anderen fühlen sich Gesprächspartner missachtet, wenn man im Gespräch an ihnen vorbeisieht.
- Der erste Eindruck entsteht oft schon vor dem ersten Wort. Unterschätzen Sie nicht den Einfluss Ihrer Körpersprache auf den ersten Eindruck, den andere von Ihnen gewinnen.
- Ihre Umwelt registriert immer, wenn auch oft unbewusst, Ihre Körpersprache.

2

Körpersprache verstehen

Die Sprache des Körpers lässt sich nicht auf wenige plakative Slogans reduzieren. Nicht umsonst umgibt die Körpersprache eine schillernde Aura. Dies liegt an der Komplexität des menschlichen Verhaltens, das nicht nur für sich, sondern stets in Bezug auf andere gesehen werden muss. Wir werden Ihnen vorstellen, welchen Bezug Körpersprache zur Persönlichkeit hat, warum Körpersprache ein Karrierefaktor ist, welche Wechselwirkungsprozesse sich zwischen Gesprächsbeteiligten entwickeln und was Sie bei der Analyse von Körpersprache beachten sollten.

Die Auseinandersetzung mit den Botschaften der Beziehungsebene kann sehr faszinierend sein, denn die Körpersprache hat viele Facetten. Es geht dabei nicht ausschließlich um das Übersetzen der körpersprachlichen Signale, die Sie bei anderen sehen. Auch Sie selbst sagen mit der von Ihnen verwendeten Körpersprache etwas über Ihre Persönlichkeit aus.

Enger Zusammenhang zwischen Soft Skills und Körpersprache

Im Berufsleben spielt die Körpersprache eine große Rolle. Schließlich geht es in heutigen Arbeitsfeldern nicht nur um die Klärung von Fachfragen, sondern vor allem darum, mit anderen zusammenzuarbeiten, im Team Lösungen voranzutreiben und auf eigene Leistungen aufmerksam zu machen. Die Soft Skills der Mitarbeiter sind entscheidende Karrierefaktoren, die eng mit Körpersprache verbunden sind. Teamfähigkeit ist mehr als nur ein Wort: Wer sich beruflich weiterentwickeln möchte, muss mit seinem Verhalten Gruppensituationen gezielt beeinflussen können.

Die Auseinandersetzung mit Körpersprache darf nicht auf die Beobachtung anderer beschränkt bleiben. Auch die eigene Körpersprache und ihr Anteil an Kommunikationsprozessen sollte reflektiert werden können, denn das Verhalten unserer Mitmenschen wird zu einem nicht unerheblichen Teil davon bestimmt, wie wir uns selbst verhalten. Die Wechselwirkungsprozesse in sozialen Situationen können durchaus ein Eigenleben entwickeln. Wer unnötige Reibungsverluste vermeiden will, muss sich seines eigenen Kommunikationsanteils auch auf der körpersprachlichen Ebene bewusst werden.

Körpersprache richtig analysieren

Wer einzelne körpersprachliche Signale übersetzen kann, weiß noch nicht wirklich, was sein Gegenüber bewegt. Schnell sind voreilige Schlüsse gezogen, die sich im Nachhinein als unzutreffend erweisen. Wenn Sie Körpersprache analysieren wollen, müssen Sie stets auch die Wortäußerungen, die momentane Befindlichkeit des Gegenübers und die Situation, in der Sie sich befinden, mit einbeziehen. Treten Sie deshalb anderen vorurteilsfrei gegenüber, bleiben Sie offen für neue Impulse und stellen Sie sich flexibel auf die Anforderungen der Situation ein.

Körpersprache und Persönlichkeit

Menschen werden im direkten Kontakt nach ihrem Verhalten beurteilt. Da es nicht möglich ist, den Persönlichkeitskern mit einer Röntgenbrille zu durchleuchten, dient uns als Maßstab zur Einschätzung anderer immer das jeweilige Verhalten. Es wäre überheblich zu glauben, dass man mit einer alltäglichen Beobachtung herausfinden könne, wie jemand »wirklich« ist. Dennoch ist es wichtig, immer wieder neu und schnell zu erfassen, was für ein Mensch uns in den unterschiedlichsten alltäglichen Situationen begegnet, um unsere eigenen Verhaltensstrategien entsprechend auszurichten.

Einschätzungen über das jeweilige Verhalten

Beispiel

Bengel oder Engel

Kommt uns auf der Straße ein junger Mann entgegen, der mit verkniffenem Gesicht starr geradeaus schaut, mit seinen Fäusten Löcher in die Luft schlägt und in einem aggressiven Tonfall vor sich hin murmelt, werden wir uns dazu entschließen, ihm lieber aus dem Weg zu gehen, da wir negative Konsequenzen für unser eigenes Wohl fürchten.

Begegnet uns dagegen ein junger Mann, der hilflos um sich blickt, mit dem Finger nach einem Fixpunkt in seiner Straßenkarte sucht und sich unsicher am Kopf kratzt, ist unsere Bereitschaft erheblich größer, einige Worte mit ihm zu wechseln und ihm dabei zu helfen, seinen Weg zu finden.

Wie wirken Sie auf andere?

Zwischen den Extremen einer aggressiven oder hilflosen Ausstrahlung liegen viele Abstufungen, die uns teilweise die Entscheidung schwer machen, wie wir reagieren sollen. Aber gerade im Berufsleben können wir vielen menschlichen Begegnungen nicht aus dem Weg gehen. Wir müssen einfach auf diese Menschen reagieren. Für unsere Reaktionen ist entscheidend, wie die anderen auf uns wirken. Dies gilt natürlich auch umgekehrt: Auch Menschen, die uns treffen, müssen auf uns reagieren. Sie versuchen, sich schnell ein Bild von uns zu machen, um herauszufinden, was sie erwartet.

Dieses gegenseitige, zumeist intuitive Abtasten bedeutet, dass man die Persönlichkeit des anderen zu erfassen sucht. Ihre Persönlichkeit werden Sie nur schwerlich ändern können, auch wenn Sie sich den Einsatz einer anderen Körpersprache antrainieren. Aber Sie können einige Verhaltensweisen abschwächen und andere verstärken und damit Ihre Individualität besser in Szene setzen, wenn Sie die Signale, die Sie aussenden, selbst bestimmen können und sich bewusst für eine bestimmte Körpersprache entscheiden.

Es bringt jedoch nichts, wenn Sie sich mit einer aufgesetzten, nicht zu Ihrer Persönlichkeit passenden Körpersprache präsentieren. Fast alle Menschen haben ein feines Gespür dafür, wenn ihr Gegenüber schauspielert. Nur die wenigsten könnten zwar präzise benennen, was sie an diesen aufgesetzt wirkenden Körpersignalen stört. Ein diffuses Gefühl, dass etwas nicht stimmt, wird sie allerdings dazu mahnen, Vorsicht walten zu lassen. Mit einem unglaubwürdigen Auftritt lässt sich auf Dauer kein sinnvoller Kontakt zu den Mitmenschen aufbauen.

Die Körpersprache muss zu Ihnen passen

Glaubwürdigkeit

Sie wirken nur dann glaubwürdig, wenn Ihr Verhalten und Ihre Äußerungen für andere stimmig erscheinen. Wenn eine Diskrepanz zwischen Ihren Worten und Ihren Taten sichtbar wird, wird man Sie nicht ernst nehmen oder sogar ablehnen. Eine solche Diskrepanz nennt man auch inkongruentes Verhalten. Wenn Sie überzeugend auf andere wirken wollen, müssen Sie sich kongruent verhalten. Das heißt, mit Ihrer Körpersprache dürfen Sie nichts anderes vermitteln, als Sie es mit Ihren Wortäußerungen tun.

Widersprüche

Beispiele

Fehlende Autorität: Eine Vorgesetzte, die eine Zurechtweisung eines Mitarbeiters mit einem unsicheren Lächeln und ausweichendem Blick begleitet, wird nicht darauf hoffen dürfen, dass der Mitarbeiter tatsächlich Einsicht in sein Fehlverhalten zeigt.

Mangelnde Überzeugungskraft: Kündigt ein Servicemitarbeiter an, »einmal eine ganz ehrliche Aussage über die gewartete Maschine zu machen«, hält aber gleichzeitig seine Hand vor den Mund, wird die Bereitschaft des Kunden nicht allzu groß sein, seiner Empfehlung zu folgen und eine Neuanschaffung zu tätigen.

Kongruentes Verhalten bedeutet indes noch mehr: Sie müssen nicht nur eine Übereinstimmung zwischen Körpersprache und Wortäußerungen herstellen, sondern auch die Anforderungen der jeweiligen Situation beachten. Es gibt kein Verhalten, welches in jeder sozialen Situation angemessen ist. Ohne eine Analyse der jeweiligen Situation können Sie sich nicht richtig verhalten.

Situationsangemessenes Verhalten

Den Menschen zeichnet aus, dass er sein Verhalten der Situation, in der er sich gerade befindet, anpassen kann. Anders als im Tierreich, in dem durch äußere Reize instinktgesteuerte Verhaltensketten ausgelöst werden, kann der Mensch frei entscheiden, wie er sich in einer bestimmten Situation verhalten möchte.

Im Verlauf unserer Entwicklung vom Kind zum Erwachsenen haben wir für viele Situationen gelernt, welches Verhalten angemessen ist. Wir wissen, wie wir uns in der Kirche zu verhalten haben, um nicht unangenehm aufzufallen. In der Schule haben wir gelernt, wie wir uns geben müssen, um als guter Schüler anerkannt zu werden. Auch in der Ausbildung gibt es Regeln, an denen wir uns orientieren können. Die Hauptleistung ist die Anpassung an die Hierarchie im Ausbildungsbetrieb und das Erzielen guter Noten.

Lernen Sie, sich verschiedenen Situationen anzupassen

Nach einiger Zeit im Berufsleben merken wir auf einmal, dass Anpassung nicht mehr genügt, um beruflich weiterzukommen. Wer die Karriereleiter erklimmen will, muss seine Fähigkeiten ausbauen, sich in Szene zu setzen und seine Arbeitsleistungen gut zu verkaufen. Es genügt nicht, vorgegebene Arbeitsaufgaben irgendwie zu bewältigen. Auf Dauer hat nur derjenige Erfolg, der die unterschiedlichen Aufgabenstellungen, mit denen er im Berufsleben konfrontiert wird, adäquat lösen kann. Ein Verkaufsgespräch beim Kunden stellt andere Anforderungen als ein Kritikgespräch mit einem Mitarbeiter. Eine Präsentation vor Kollegen verlangt ein anderes Vorgehen als die Betreuung eines Messestandes.

Verhalten Sie sich nicht der Situation angemessen, wirken Sie auf Ihre Gesprächspartner inkongruent und verlieren damit Ihre Glaubwürdigkeit. Verhaltensweisen, die in einer Situation stimmig sind, können in einer anderen Situation durchaus unangemessen wirken.

Hart, aber herzlich

Ein Ausbildungsleiter, der sich im Umgang mit seinen Auszubildenden einen kumpelhaften Ton angewöhnt hat, der auch den einen oder anderen »Knuff« mit der Faust in die Rippen oder einen herzhaften Schlag zwischen die Schulterblätter beinhaltet, wird Schiffbruch erleiden, wenn er das gleiche Verhalten bei einem Kunden des Unternehmens zeigt.

Da es normalerweise keine unternehmensinternen Anleitungen für die richtige Körpersprache in unterschiedlichen beruflichen Situationen gibt, sind Berufstätige oft unsicher, welches Verhalten wann und wem gegenüber angemessen ist. Diese Unsicherheit führt dann zum Rückzug auf eingeschliffene persönliche Verhaltensmuster, die aber leider nicht immer zur Situation passen. Schnell ist dann die Glaubwürdigkeit verspielt, die Gesprächssituation belastet, und ein für beide Seiten tragbares Ergebnis rückt in weite Ferne.

Glaubwürdigkeit und Akzeptanz gewinnen

Viele Menschen kennen die Situation, dass sie sich unwohl fühlen, weil ein Gespräch nicht so läuft, wie sie es sich vorgestellt haben. Die Bereitschaft, es anders zu machen als gewohnt, ist zwar immer vorhanden, was aber fehlt, sind die Alternativen zum üblichen Verhalten. Wir werden Ihnen diese Alternativen aufzeigen, damit Sie im Beruf ein zu Ihnen und zur Situation passendes Verhalten zeigen können. Mit diesem kongruenten Verhalten werden Sie Glaubwürdigkeit und Akzeptanz bei Ihren Gesprächspartnern gewinnen und berufliche Situationen für alle Seiten angenehmer gestalten können.

Persönlichkeitsentwicklung

Konzepte menschlicher Persönlichkeiten

Persönlichkeit ist ein vielfältiger Begriff, hinter dem sich viele Wünsche, Hoffnungen und Träume verbergen. Es gibt sehr plakative Konzepte von menschlichen Persönlichkeiten. Wahrscheinlich haben auch Sie schon von der Einteilung der Menschheit in Sanguiniker, Choleriker, Phlegmatiker und Melancholiker gehört. Diese Klassifizierung aus dem zweiten Jahrhundert vor Christus versteht Persönlichkeit als unterschiedliches Temperament von Menschen. Der Sanguiniker gilt als oberflächlich, lebhaft und heiter, der Choleriker wird als leidenschaftlich und jähzornig beschrieben, der Phlegmatiker erscheint träge und bedächtig und der Melancholiker soll sich durch Entschlussunfähigkeit, Schwermut und Grübelsucht auszeichnen.

Natürlich ist es verlockend, insbesondere andere Menschen in dieses Schema zu pressen. Manchmal kann es vielleicht befreiend sein, sich zu denken »Mein Chef, der alte Choleriker« oder »Meine Mitarbeiter sind doch alle Phlegmatiker«. In Wirklichkeit sind Menschen aber nicht auf starre Verhaltensmuster festzulegen. Nicht zuletzt deswegen, weil sie eher bestrebt sind, sich der Situation angemessen zu verhalten, als das immer gleiche Verhalten abzuspulen.

Persönlichkeit als Summe von Einstellungen

Die moderne Persönlichkeitspsychologie geht nicht mehr von einem festen Persönlichkeitsbegriff aus. Sie sieht Persönlichkeit vielmehr als die Summe der Einstellungen, die Menschen ihrer Umwelt gegenüber haben. Und diese Einstellung eines Menschen zu Dingen, Personen und Ideen variiert im Laufe des Lebens. Es ist auch bekannt, dass Menschen, die bestimmte Situationen nicht bewältigen konnten, eine negative

Einstellung zu diesen Situationen entwickeln. Schlechte Erfahrungen im Kindes- oder Jugendalter führen oft dazu, dass man sich auch als Erwachsener mit diesen Dingen nicht beschäftigen mag.

Beispiel

Schlechte Erinnerungen

Fällt ein Mensch in seiner Kindheit vom Pferd, wird er häufig auch als Erwachsener Reitsport generell ablehnen. Auf Reitturnieren wird man ihn nicht als Zuschauer sehen und auch im Fernsehen übertragene Reitsportveranstaltungen finden nicht sein Interesse.

Die Persönlichkeit entwickelt sich

Kann man aus der Angst vor Pferden darauf schließen, dass der im Beispiel beschriebene Mensch von seiner Persönlichkeit her ein ängstlicher, uninteressierter Typ ist? Sicherlich nicht. Fraglich ist auch, ob seine Ablehnung des Reitsports ihn lebenslang begleiten muss. Man kann sich durchaus ein Szenario vorstellen, in dem dieser Mensch seiner Familie zuliebe seine Abneigung gegenüber Pferden überwindet. Vielleicht weil seine Lebenspartnerin gerne reitet und er die Freizeit mit ihr zusammen verbringen möchte oder weil die Kinder reiten lernen und er ihnen auf Turnieren zusehen möchte.

Sicherlich lässt sich aus einem einzelnen Aspekt keine umfassende Persönlichkeitseinschätzung herleiten. Erst die Summe der Einstellungen könnte ein Persönlichkeitsprofil deutlich machen. Aber selbst wenn es gelänge, für einen einzelnen Menschen umfassend seine Sichtweise von Menschen und Dingen herauszufinden, so wäre dies nur eine Momentaufnahme. Diese Momentaufnahme könnte zwar Hinweise darauf geben, wie sich dieser Mensch in Zukunft verhalten wird. Absolut sichere Rückschlüsse würde sie aber nicht ermöglichen.

Auch die psychologische Forschung tut sich schwer damit, umfassende Persönlichkeitsbilder zu definieren. Etwas besser erforscht ist, was Menschen auszeichnet, die erfolgreich im Beruf sind. Und dies ist kein wie auch immer gearteter starrer Persönlichkeitskern, sondern die Fähigkeit, sich flexibel auf unterschiedliche Situationen einzustellen. Das Vermögen, die Anforderungen einer Situation zu erkennen und sein Verhalten so auszurichten, dass die erwünschten Ziele erreicht werden, zeichnet erfolgreiche Menschen aus.

Was zeichnet beruflich erfolgreiche Menschen aus?

Mit erfolgreich ist hier jedoch nicht nur der berufliche Aufstieg gemeint, sondern auch die Fähigkeit, sein Leben in die eigene Hand zu nehmen. Persönlicher Erfolg bezeichnet die Zufriedenheit mit der eigenen Lebenssituation, was man auch Selbstverwirklichung nennt. Eine berufliche Karriere ist dabei nur eine von vielen Möglichkeiten der individuellen Selbstverwirklichung.

Diese eher theoretischen Ausführungen sollten Ihnen zeigen, dass es Ihnen in Ihrer Persönlichkeitsentwicklung nicht darum gehen sollte, sich komplett »umzukrempeln«. Der Versuch, ein völlig anderer zu werden, ist zum Scheitern verurteilt. Ihre Persönlichkeit, also das Bündel der Einstellungen, die Sie zum Leben haben, begleitet Sie schon seit Jahrzehnten und hat Ihnen erst den Status ermöglicht, den Sie momentan innehaben. Entwerten Sie nicht Ihre bisherige Entwicklung, indem Sie auf einmal alles anders machen wollen.

Beginnen Sie, sich weiterzuentwickeln, indem Sie ausgewählte Situationen angehen. Schärfen Sie Ihre Beobachtungsgabe, um herauszufinden, was man von Ihnen erwartet. Erweitern Sie Ihre Möglichkeiten, indem Sie eine neue Verhaltensstrategie ausprobieren. Wenn Sie mit dem Ergebnis zufrieden sind, nehmen Sie das neue Verhalten in Ihr Repertoire auf und nutzen Sie es, um sich in Zukunft in ähnlichen Situationen angemessener verhalten zu können.

Finden Sie heraus, was von Ihnen erwartet wird

Auch Ihr Selbstwertgefühl hängt stark davon ab, welche Gestaltungsmöglichkeiten Sie in sozialen Situationen haben. Sehen Sie keine Möglichkeit, eine Situation in Ihrem Sinne zu beeinflussen, sinkt Ihr Selbstwertgefühl. Sie werden unsicher, geraten unter Stress und versuchen, dieser Situation zu entkommen und ihr in Zukunft aus dem Weg zu gehen. Je bewusster Ihnen wird, dass Sie auf Situationen Einfluss nehmen können, desto mehr Sicherheit gewinnen Sie. Ihre Selbstsicherheit wiederum wird andere für Sie einnehmen. Dadurch wird eine Positivspirale in Gang gesetzt.

Ausgebremst

Persönlichkeitsentwicklung sollte deshalb für Sie bedeuten, mit neuen Verhaltensmöglichkeiten bewusster Einfluss nehmen zu können und dadurch mehr Zufriedenheit in Ihrem Leben zu erreichen. Je flexibler Sie sich verhalten können, desto erfolgreicher werden Sie private und berufliche Kontakte meistern.

Soft Skills in Szene setzen

Fachwissen allein genügt nicht

Der Erfolg im Beruf ist eng mit der Fähigkeit verknüpft, soziale Situationen zu analysieren, sich flexibel auf Anforderungen einzustellen und situationsgemäß zu handeln. Die Unternehmen haben schon seit längerem erkannt, dass das Fachwissen der Mitarbeiter nicht ausreicht, um berufliche Aufgaben erfolgreich zu bewältigen. Daher fordern sie heutzutage von Ihren

Mitarbeitern nicht nur fachliches Know-how, sondern auch soziale Kompetenz ein. Soziale Kompetenz wird auch als außerfachliche Kompetenz, persönliche Fähigkeiten oder als Soft Skills bezeichnet.

Soziale Kompetenz ist gefragt

Soziale Kompetenz bezeichnet genau die Fähigkeiten, über die beruflich erfolgreiche Menschen laut psychologischer Forschung verfügen. Eine abstrakte Definition lautet: »Soziale Kompetenz ist im menschlichen Miteinander das Ausmaß, in dem der Einzelne fähig ist, im privaten, beruflichen und gesamtgesellschaftlichen Kontext selbstständig, umsichtig und nutzbringend zu handeln. Soziale Kompetenz wird dabei nicht als durchgängiges, situationsunabhängiges und generalisiertes Persönlichkeitsmerkmal angesehen.«

Diese Definition hat Konsequenzen für die Berufspraxis. Aus Sicht der Unternehmen sollten sozial kompetente Mitarbeiter den folgenden Ansprüchen genügen:

- Sie erkennen die Anforderungen, die die soziale Situation an sie stellt.
- Sie können ihre Möglichkeiten und ihre Grenzen in dieser speziellen Situation einschätzen.
- Sie können eigene Ziele sowie Gruppenziele festlegen.
- Sie sind in der Lage, situations- und zielangemessen zu handeln.
- Sie sind fähig, über einen Prozess zu reflektieren.

Im Arbeitsalltag wird Unterschiedliches von Ihnen gefordert

Diese Forderungen an sozial kompetente Mitarbeiter sind Ihnen gewiss in Ihrem Arbeitsalltag schon oft begegnet: Bei der Lösung von Aufgaben müssen Sie entscheiden, ob Ihr Wissen zur Problemlösung ausreicht oder ob Sie einen Spezialisten hinzuziehen sollten. Sind Sie Führungskraft, so müssen Sie Zielvorgaben entwickeln und dafür sorgen, dass die einzelnen Arbeitsergebnisse zu einem Gesamtergebnis zusammengefasst werden können. Bei Schwierigkeiten in Ihrer Abteilung müssen Sie die Ursachen herausfinden und dafür sorgen, dass Arbeitsabläufe in Zukunft reibungslos gestaltet werden können. Sie werden mit Vorgaben von der Geschäftsleitung konfrontiert und müssen diese in Ihrem Arbeitsbereich umsetzen. Dabei müssen Sie den Informationsfluss aufrechterhalten und dafür sorgen, dass Anweisungen nachvollzogen werden können. Bei großen Arbeitsbelastungen ist Ihre Fähigkeit gefragt, sich und die Kollegen bei der Stange zu halten und zu besonderem Einsatz anzuspornen.

Anforderungen an sozial kompetente Mitarbeiter

Die Anforderungen an sozial kompetente Mitarbeiter lassen sich auch in Schlagworte fassen, die Ihnen sicherlich schon begegnet sind: Teamfähigkeit, Durchsetzungsfähigkeit, Kommunikationsfähigkeit, Belastbarkeit, Kreativität, Zielstrebigkeit, Kontaktfreudigkeit, Eigeninitiative, Selbstbewusstsein, Kritikfähigkeit, Engagement, Flexibilität, Begeisterungsfähigkeit, Verantwortungs-, Leistungs- oder Entscheidungsbereitschaft. Diese Schlagworte drücken die Wünsche aus, die Unternehmen an ihre Mitarbeiter haben. Alle diese Soft Skills sind untrennbar verbunden mit der Fähigkeit, sich anderen mitzuteilen.

Soft Skills durch Körpersprache beweisen

Im Berufsalltag lässt sich soziale Kompetenz oft nur indirekt vermitteln. Während Sie Kreativität durchaus noch durch Ausarbeitungen oder Arbeitsproben belegen können, wird es bei Teamfähigkeit, Kontaktfreudigkeit oder Durchsetzungsfähigkeit schon schwieriger. Ob Sie über die geforderten Soft Skills verfügen oder nicht, lässt sich meistens nur indirekt an Ihrem Verhalten ablesen. Soziale Kompetenz wird über Handlungs- und Kommunikationsprozesse vermittelt. Ganz entscheidend ist hierbei die von Ihnen gezeigte Körpersprache.

Nur wenn Sie mit Ihrer Körpersprache die Inhalte Ihrer verbalen Äußerungen unterstützen, wird man Sie als sozial kompetent einschätzen. Verhalten Sie sich inkongruent, nutzen Ihnen auch die geschliffensten Formulierungen nichts. Um Ihre soziale Kompetenz richtig in Szene zu setzen, müssen Sie nicht nur auf Ihre eigene Körpersprache achten, sondern auch die Körpersprache anderer verstehen können. Nur so können Sie beispielsweise erkennen, ob ein Mitarbeiter in einem Kritikgespräch tatsächlich eingelenkt hat oder ob er Ihnen etwas vormacht.

Analysieren Sie körpersprachliche Signale

Die Fähigkeit zur Analyse eigener und fremder körpersprachlicher Signale ist eine Grundvoraussetzung dafür, soziale Situationen gezielt beeinflussen zu können. Sie strahlen nur dann soziale Kompetenz aus, wenn Sie wissen, was in Gesprächssituationen vor sich geht, und entsprechend reagieren können. Wer seine Körpersprache bei der Gestaltung beruflicher Beziehungen außer Acht lässt, wird sich bei Gesprächen schnell selbst im Weg stehen.

Ihre Auseinandersetzung mit Körpersprache wird ganz generell Ihr Leben bereichern. In Ihrem Berufsalltag werden Sie aber besondere Vorteile erzielen, da Ihr Verständnis der Körpersprache Ihnen dabei helfen wird, sich als sozial kompetenter Mitarbeiter vorzustellen. Zeigen Sie Ihrem beruflichen Umfeld mit bewusstem Verhalten, dass Sie über ein umfangreiches Arsenal von Soft Skills verfügen. Nutzen Sie die Wirkungen der Körpersprache, um Ihre berufliche Entwicklung voranzutreiben.

Wechselwirkungsprozesse

Kommunikation erfolgt ringförmig

Um zu einem besseren Verständnis von Kommunikationsabläufen zu kommen, muss man Wechselwirkungsprozesse beachten. Viele Menschen unterliegen dem Irrtum, dass ihre Gespräche mit anderen in unterschiedlichen, kleinen Abschnitten stattfinden: Man sagt etwas, und der Zuhörer versteht es – oder auch nicht (1. Abschnitt); der Zuhörer wird nun zum Redner und sagt seinerseits etwas, und man selbst wird zum Zuhörer (2. Abschnitt); so geht es dann weiter. Das heißt, die Kommunikation verläuft abwechselnd immer nur in eine Richtung. Dies ist jedoch falsch: Kommunikation ist nicht eindirektional, sondern eher ringförmig.

In der Kommunikation herrschen Wechselwirkungen: Die Antwort eines Gesprächspartners wird zu einem großen Teil von dem bestimmt, was man selbst vorher gesagt hat. Man selbst reagiert dann wiederum auf die Rückmeldung vom Gegenüber. Es entsteht eine in sich geschlossene Abfolge von Feedbackprozessen, die durch den ersten Input ausgelöst wird. Dadurch entsteht ein Kommunikationsring, der erst dann unterbrochen wird, wenn sich ein Gesprächspartner zurückzieht.

Kommunikation als Abfolge von Feedbackprozessen

Das Verhalten unserer Gesprächspartner haben wir deshalb bis zu einem gewissen Grad selbst in der Hand: So wie wir auf andere zugehen, werden diese auch uns behandeln. Problematisch ist, dass die meisten Menschen zwar wissen, was sie verbal mitteilen, aber kein Gespür dafür haben, was ihre Körpersprache aussagt. Bestimmt haben auch Sie sich schon mehr als einmal gefragt: »Wie konnte das nur passieren?«, wenn ein Gespräch sich ganz anders entwickelte, als Sie es beabsichtigt hatten, und Ihnen die Gründe dafür verschlossen blieben.

Streit unter Kollegen

Beispiel

Nehmen wir einmal an, Sie gehen zu einem Kollegen, um noch ausstehende Arbeitsergebnisse abzuholen. Da Sie wissen, dass durch die hohe Arbeitsbelastung die Stimmung in der Abteilung gereizt ist, nehmen Sie sich vor, freundlich und gelassen zu bleiben. Zu Ihrem Kollegen sagen Sie: »Die Berechnungen für das Projekt Z hast du sicherlich fertig. Ich würde sie gerne mitnehmen.« Ihr Kollege schaut Sie mit großen Augen an und antwortet: »Sind deine Ergebnisse denn schon fertig?« Plötzlich fällt der Vorsatz, gelassen zu bleiben, von Ihnen ab und Sie hören sich sagen: »Im Gegensatz zu euch sorgen wir ja dafür, dass die Arbeit gemacht wird.« Schon entwickelt sich der schönste Streit.

In dem Beispiel haben Sie gesehen, dass Sie niemals völlig unbeteiligt von der Rückmeldung Ihres Gesprächspartners agieren können. Ihnen selbst und Ihrem Kollegen wird wahrscheinlich immer unklar bleiben, warum die Situation eskalierte. Bestenfalls werden Sie sich wieder zusammenraufen und sich gegenseitig bestätigen, dass es in der Zeit Ihres Streits für alle schwierig war. Schlimmstenfalls haben Sie die Beziehung zu Ihrem Kollegen so eingetrübt, dass Sie sich künftig aus dem Weg gehen.

Körpersprachliche Signale wecken Emotionen

Die ersten beiden Wortäußerungen im Beispiel hatten durchaus einen sachlichen Charakter, warum schlugen die Emotionen auf einmal hoch? Die Antwort liegt auf der körpersprachlichen Ebene. Eine Möglichkeit wäre, dass Sie Ihre Frage mit einer abwertenden Handbewegung begleitet und spöttisch von oben auf Ihren sitzenden Kollegen herabgesehen haben. Dies würde natürlich zu einem Gegenangriff reizen. Wenn Ihr Kollege seine Rückfrage mit vorgestrecktem Kinn und einem drohend ausgestreckten Zeigefinger begleitet hat, würde dies erklären, warum Sie es nicht geschafft haben, Ruhe zu bewahren, und auf den Streit eingestiegen sind. Der Anfang dieser Kettenreaktion begann somit mit durchaus guten Absichten, die aber leider mit einer unangemessenen Körpersprache begleitet wurden.

Nehmen Sie Ihre Körpersprache bewusster wahr

Ihr Start in Kommunikationsprozesse bestimmt nachhaltig, wie sich die Situation entwickelt. Sie lösen mit Ihrem Verhalten bestimmte Reaktionen Ihrer Gesprächspartner aus, die wiederum Sie zu den nächsten Äußerungen veranlassen. Aber nicht nur Ihre Worte, sondern auch Ihre Körpersprache wird Impulse für das Verhalten Ihres Gegenübers liefern. Auf die Reaktionen Ihres Gegenübers werden dann wieder Sie reagieren und so weiter. Wenn Sie sich nicht bewusst machen, welchen großen Einfluss Sie auf Gesprächssituationen haben und wie stark körpersprachliche Signale Kommunikationsprozesse beeinflussen können, riskieren Sie, dass Ihnen Gesprächssituationen immer wieder aus dem Ruder laufen. Eine geschärfte Wahrnehmung für die eigene Körpersprache und ein besseres Verständnis fremder Körpersprache wird Ihnen dagegen helfen, Gespräche besser beeinflussen zu können.

Nur wenige Menschen wissen, welche Körpersprache sie überhaupt in bestimmten Situationen zeigen. Wenn wir in unseren Workshops und Seminaren Videoaufzeichnungen von Teilnehmern machen, sind diese bei der Besprechung der Aufnahmen in der Regel völlig überrascht. Ähnlich ist die Situation, wenn man zum ersten Mal seine Stimme auf Kassette hört und überrascht ist, wie sie klingt. Auch das eigene körpersprachliche Verhalten ist uns in der Regel nicht bewusst. Selbst ausgeprägte Eigenarten, wie beispielsweise das ständige Trommeln mit den Fingern auf der Tischplatte, nehmen wir selbst schon gar nicht mehr wahr. Aber unsere Gesprächspartner reagieren immer auf die von uns ausgesandten körpersprachlichen Signale.

Forderung zum Duell

Aus unserer Beratungspraxis

Scheinangriffe

Ein Vertriebsmitarbeiter nahm an einem unserer Seminare teil, weil er das Gefühl hatte, eine für den Vertrieb ungeeignete Persönlichkeitsstruktur zu haben. Er war immer wieder von den Kunden abgewimmelt worden. Seine Verkaufsgespräche endeten in der Regel sehr schnell mit vagen Interessensbekundungen, auf die aber niemals ein Auftrag folgte.

Bei einem simulierten Verkaufsgespräch zeigte sich, dass er ständig mit dem Kugelschreiber herumspielte. Schon bei der Bitte um einen Gesprächstermin hielt er den Kugelschreiber in der Hand und stach damit in Richtung des fiktiven Kunden. Im Verkaufsgespräch drückte er dauernd auf den Knopf des Kugelschreibers und entnervte mit dem Geklacker seine Gesprächspartner. Diese Eigenart war ihm nicht bewusst. Ohne die Videoaufzeichnung hätte er uns wahrscheinlich gar nicht geglaubt, dass er sich mit seinem Kugelschreiber als Waffe stets die Ablehnung von Kunden einhandelte.

Wir erarbeiteten mit dem Kunden eine neue Verhaltensstrategie. Dies begann damit, dass wir ihm den Irrglauben nahmen, ein Vertriebsmitarbeiter müsse immer als Eroberer auftreten, der den Kunden besiegt. Er lernte, beim ersten Kontakt zu lächeln, Blickkontakt zu seinen Gesprächspartnern aufzubauen und den richtigen Abstand zum Kunden einzuhalten.

Für das Kundengespräch zeigten wir ihm Gesten, mit denen er wichtige Aussagen unterstreichen konnte. Er ersetzte seine Angriffsgesten durch Überzeugungsgesten. Durch diese neue Verhaltensstrategie wurde der Teilnehmer im Umgang mit anderen viel ruhiger. Er wirkte nicht mehr so getrieben und konnte anderen viel freundlicher gegenübertreten. Der Teilnehmer arbeitet noch heute im Vertrieb, und seine Arbeit bringt ihm mehr Spaß denn je.

Fazit: Wer sich nicht mit seiner eigenen Körpersprache auseinander setzt, wird immer wieder in Gesprächssituationen geraten, die sich ganz anders entwickeln, als es beabsichtigt war. Der Körper spricht immer und vermittelt unseren Gesprächspartnern Informationen, die ihr Verhalten uns gegenüber bestimmen.

Beeinflussen Sie Kommunikationsabläufe in Ihrem Sinne

Wir werden Ihnen zeigen, wie Sie berufliche Gesprächssituationen mit Ihrer Körpersprache entscheidend beeinflussen können. Sie werden merken, dass Sie Gestaltungspotenzial haben und wie Sie es optimal nutzen können. Beeinflussen Sie die Wechselwirkungsprozesse in Kommunikationsabläufen in Ihrem Sinne. Treten Sie in beruflichen Situationen souveräner auf, indem Sie von Anfang an eine passende Körpersprache verwenden.

Körpersprache richtig analysieren

Mehrere Deutungen für ein Körpersignal sind möglich

Die genaue Beobachtung eigener und fremder Körpersprache wird Ihnen Informationen vermitteln, die Sie bisher gar nicht wahrgenommen haben. Je mehr Sie sich mit der Körpersprache auseinander setzen, desto besser werden Sie auch feine Nuancen und verdeckte Signale erkennen können. In Ihrer Entwicklung zum Experten für körpersprachliche Mitteilungen sollten Sie sich aber stets vor übereilten Schlüssen hüten: Für einzelne Körpersignale lassen sich fast immer mehrere Deutungen finden. Erst wenn Sie diese Signale im Zusammenhang sehen, sich die Situation bewusst machen, in der Sie sich gerade befinden, und auch auf Wortäußerungen achten, werden Sie zu fundierteren Urteilen gelangen.

Lernen Sie zunächst, intensiv zu beobachten

Bevor Sie sich an die Auswertung der Körpersprache eines anderen machen, sollten Sie zuerst einmal lernen, intensiv zu beobachten. Oft wird der Fehler gemacht, sich auf wenige körpersprachliche Signale zu konzentrieren und diesen möglichst plakative Bedeutung zuzuschreiben. Dies führt dann dazu, dass die Beobachtung zu stark fokussiert wird und andere körpersprachliche Signale gar nicht mehr wahrgenommen werden. Machen Sie sich damit vertraut, Körpersignale in ausgewählten Situationen umfassend festzuhalten. Die Übung »Schlaglicht« zeigt Ihnen, wie Sie vorgehen können.

Schlaglicht

Übung

Um Ihre Beobachtungsgabe zu schärfen, sollten Sie sich häufig die Möglichkeit schaffen, in Ruhe Menschen zu beobachten. Setzen Sie sich hierfür beispielsweise in eine Bar, ein Restaurant oder ein Ausflugslokal.

Machen Sie Momentaufnahmen der Körpersprache der anderen Gäste. Versuchen Sie, die Körpersprache ausgewählter Personen möglichst detailliert zu beschreiben. Wie wird der Kopf gehalten? Wie sitzt, steht oder geht die Person? Wie hält sie ihre Arme? Lächelt sie oder wirkt sie mürrisch? Was macht sie mit den Händen und Fingern? Versuchen Sie, möglichst alle körpersprachlichen Signale einer Person zu erfassen. Wenn Sie nah genug an Ihrem »Versuchskaninchen« sitzen, sollten Sie auch auf den Tonfall achten.

Wenn Sie dieses »Beobachtungstraining« häufiger machen, werden Sie sich daran gewöhnt haben, viele körpersprachliche Signale in kürzester Zeit zu erfassen.

Auf den Zusammenhang kommt es an

Wenn Sie die Körpersprache isoliert betrachten, um daraus Informationen herauszulesen, bringt Sie dies nicht zu einem besseren Verständnis menschlicher Kommunikation. Genauso wenig wie nur Worte den Schluss auf eine gewünschte Mitteilung erlauben, lässt sich auch aus der Körpersprache allein noch nicht erschließen, welche Absichten von anderen Personen verfolgt werden. Erst der Zusammenhang zwischen körpersprachlichen Signalen, Wortäußerungen und den Anforderungen der Situation lässt annähernd zutreffende Analysen des Verhaltens anderer Menschen zu.

Berücksichtigen Sie die momentane Befindlichkeit des Sprechenden

Hinzu kommt, dass gerade bei der Körpersprache auch die momentane Befindlichkeit von Menschen einen großen Einfluss nehmen kann. Wer gerade erkältet ist, wird durch die Nase sprechen. Der näselnde Tonfall bedeutet also keineswegs, dass die Person zu Hochnäsigkeit neigt und sich gern im Gefühl der Überlegenheit sonnt. Gerade Erkrankungen, auch leichterer Ausprägung, können die Körpersprache so verändern, dass die Zuordung von Bedeutungen zu gezeigten Körpersignalen nicht nach einem vorher gelernten Schema erfolgen kann. Bei einem erkrankten Menschen ist die Konzentrationsfähigkeit weniger ausgeprägt, und er wird sich viel leichter überfordert fühlen. Es ist daher nur schwer möglich, hunderprozentig genaue Aussagen zu treffen. Aber es lohnt sich auf jeden Fall, den Blick für die Körpersprache zu schärfen.

Die Abstufung körpersprachlicher Signale

Wie bei verbalen Mitteilungen gibt es auch bei körpersprachlichen Signalen Abstufungen in der Bedeutung der vermittelten Inhalte. Sagt Ihnen jemand »Hör auf damit!«, werden Sie die Absicht, die er mit dieser Äußerung verfolgt, ohne weiteres verstehen. Das Gleiche gilt, wenn Ihnen jemand seine geballte Faust unter die Nase hält. Auch hier dürfte das körpersprachliche Signal von Ihnen nicht besonders ausgelegt werden müssen, die Botschaft ist unmissverständlich: »Geh weg, oder ich schlag dich!«

Üblicherweise verläuft die zwischenmenschliche Kommunikation aber nicht so drastisch und eindeutig. Im Gegenteil, die Kommunikation wird sogar sehr oft absichtlich zweideutig gehalten. Dies geschieht, um sich nicht vorschnell festlegen zu müssen, das Gesicht zu wahren, höflich zu bleiben oder um gesellschaftlichen Konventionen zu entsprechen. Sie werden sich zumeist nur Hinweise auf die Bedeutung von Aussagen erschließen können und dies auch nur, wenn Sie Worte, Körpersprache und Situation miteinander in Beziehung setzen. Ist Ihnen die Situation unklar, werden Sie auch die Körpersprache nicht zutreffend auswerten können.

Aussagen mit »Hintertür«

Beispiel

Dominante Frauen

Sie beobachten in einem Geschäft ein Gespräch zwischen einem Mann und einer Frau, in dem der Mann immer wieder seinen Kopf zur Seite legt und zu seiner Gesprächspartnerin aufschaut. Leicht könnten Sie vermuten, dass ein Verkäufer gerade von einer dominanten Kundin »untergebuttert« wird.

Wenn Sie daraus schließen, dass Sie für Ihre Preisverhandlungen ebenfalls einen großen Spielraum haben, könnten Sie allerdings falsch liegen. Nämlich dann, wenn sich herausstellt, dass die vermeintlich dominante Kundin die neue Freundin des Verkäufers war, die er verliebt angehimmelt hat.

Eine weitere Schwierigkeit bei der Analyse der Körpersprache liegt darin, dass nur dann eine eindeutigere Aussagekraft besteht, wenn mehrere körpersprachliche Signale die gleichen Hinweise geben. Auch die Körpersprache besteht aus mehreren Komponenten, unter anderem aus Mimik, Gestik und Haltung. Erst wenn Sie in mehreren Bestandteilen der Körpersprache gleiche Hinweise finden, können Sie Ihre Schlüsse ziehen.

Aufgespießt

Beispiel

Tritt jemand auf Sie zu und piekst Sie mit ausgestrecktem Zeigefinger an, gibt es mehrere Deutungsmöglichkeiten. Der ausgestreckte Finger gilt gemeinhin als Wunsch, jemanden aufzuspießen, also als Angriffsgeste.

Werden Sie jedoch von einem seitlich neben Ihnen stehenden Menschen, der Ihnen mit freundlichem Lächeln ins Gesicht strahlt, leicht in die Rippen gepiekst, wird es sich wohl um eine freundschaftliche Frotzelei handeln.

Anders sieht es natürlich aus, wenn Ihnen jemand frontal gegenübersteht, den Kopf senkt, die Augen zusammenkneift und seinen Zeigefinger gegen Sie vorschnellen lässt. Hier wird die Konfrontation gesucht, Sie müssen mit weiteren Angriffen rechnen.

Vorsicht mit der schnellen Einschätzung

Verwechseln Sie Körpersprache nicht mit Physiognomie. Diese »Lehre des Körperbaus« liefert Ihnen nur statische Erkenntnisse, die Sie im Umgang mit anderen Menschen nicht weiterbringen. Im Gegenteil, Ableitungen aus der Physiognomie leisten der Vorurteilsbildung Vorschub. Sie werden anderen Menschen eher voreingenommen als frei begegnen, wenn Sie sich an unterschiedlichen Gesichtsformen, Nasentypen, Händen, Beinlängen oder der Körpergröße orientieren.

Lassen Sie die Physiognomie außen vor

Zwar sagt der Volksmund »Lügen haben kurze Beine«, dies werden Sie jedoch nicht zum Anlass nehmen, ausschließlich Menschen mit langen Beinen Glauben zu schenken. Ebenso sollen angeblich lange und dünne Unterschenkel signalisieren, dass wir einer Person mit wenig Selbstständigkeit und wenig Durchsetzungskraft gegenüberstehen. Andere physiognomische »Erkenntnisse« wie zum Beispiel, dass Verbrecher ein kantiges Kinn haben, dass die gebeugte Haltung den Sünder kennzeichnet und dass eng zusammenstehende

Augen einen Lügner vermuten lassen, haben – auch wenn es abgestritten wird – immer eine gewisse Nähe zur Rassenkunde.

Lassen Sie sich nicht durch angeblich unumstößliche Wahrheiten aufs Glatteis führen. Behalten Sie immer im Gedächtnis, dass Menschen nicht nur aufgrund gewisser Persönlichkeitsmerkmale bestimmte Verhaltensweisen zeigen. Das Bedürfnis, sich der Situation angemessen zu verhalten, und Ihr eigener Input in Kommunikationsprozesse sind oft viel bestimmender für das Verhalten anderer.

Was geht bei Kommunikation vor sich?

Eine zentrale Frage, die Sie sich bei Ihren Beobachtungen stellen sollten, ist: »Was passiert gerade?« Wenn Sie sich näher mit Körpersprache beschäftigen und erst einmal Ihre Beobachtungsgabe geschult haben, werden Sie viel besser verstehen, was bei menschlicher Kommunikation vor sich geht. Sie werden nicht mehr nur auf die Wortäußerungen achten, sondern auch auf körpersprachliche Signale, die die Äußerungen bestätigen oder ad absurdum führen.

Kommunikation ist ein dynamischer Prozess, der sich ständig in einem labilen Gleichgewicht befindet. Mit Ihrer besseren Wahrnehmung der Aussagen auf der non-verbalen Ebene werden Sie Tendenzen in Gesprächen viel schneller erkennen. Dies versetzt Sie in die Lage, bei unerwünschten Entwicklungen gegenzusteuern und Prozesse in Gang zu halten, wenn sie Ihren Absichten entsprechen.

Beispiel

Druck und Gegendruck

Wenn Sie bei einem Kunden ablehnende Worte hören, aber gleichzeitig körpersprachliche Signale sehen, die auf Unsicherheit hindeuten, bringt Ihnen der Versuch wenig, die Blockade mit einem Wortschwall wegzuspülen. Ihr Gegenüber wird immer höhere Dämme errichten, wenn Sie den Druck erhöhen.

Wenn Sie dagegen auf die non-verbal vermittelte Unsicherheit eingehen und den Kunden fragen, was ihm noch Kopfzerbrechen bereitet, stehen Ihre Chancen viel besser, mit gezielten Argumenten Bedenken auszuräumen. Sie werden Ihren Gesprächspartner aus der Reserve locken und in einer kooperativen Atmosphäre zu einer für beide Seiten befriedigenden Lösung kommen.

Lernen Sie, Kontakt bewusst zu gestalten

Ein besseres Verständnis der Körpersprache sollte dazu genutzt werden, den Kontakt zu anderen Menschen bewusster zu gestalten. Die stets vorhandene Furcht, dass ein Gespräch kippen kann, dass man andere missversteht oder dass die eigenen Interessen unter den Tisch fallen, belastet viele Menschen im Arbeitsalltag. Wer sich hilflos den Kommunikationsprozessen ausgeliefert fühlt, nimmt sich jedoch als ohnmächtig wahr: Er ist ohne Macht über das, was ihm im Zusammensein mit anderen Menschen widerfährt.

Sach- und Beziehungsebene sollten Ihnen präsent sein

Wer im Berufsleben souverän agieren möchte, muss beide Kommunikationsebenen, die Sach- und die Beziehungsebene, durchleuchten und beeinflussen können. Dabei muss es nicht immer um Harmonie gehen. Im beruflichen Alltag kann es auch sinnvoll sein, einen Kontakt schnell, aber freundlich zu beenden oder an der Durchsetzung eigener Ziele auch gegen Widerstände zu arbeiten. Dies gelingt Ihnen jedoch nur, wenn Sie die Absichten Ihres Gegenübers erkennen und über flexible Gegenstrategien verfügen.

Nehmen Sie Ihr neues Verständnis von Körpersprache zu Hilfe, um besser zu ergründen, wie man Ihnen gegenübertritt und welche Ziele man damit verfolgt. Bekennen Sie sich zur Dynamik im Umgang mit anderen. Entwickeln Sie sich weiter und beeinflussen Sie kommende Situationen in Ihrem Sinne.

Auf einen Blick

Im Blick

Körpersprache verstehen

- Das Verhalten eines Menschen dient uns als Maßstab zu seiner Einschätzung.
- Aufgesetzt wirkende und nicht zur Persönlichkeit passende Körpersignale rufen bei anderen das diffuse Gefühl hervor, dass etwas nicht stimmt.
- Kongruentes Verhalten, das heißt die Übereinstimmung zwischen Wortäußerungen und der Körpersprache, wirkt auf andere überzeugend.
- Menschen sind nicht auf starre Verhaltensmuster festgelegt, sondern eher bestrebt, sich der Situation anzupassen, in der sie sich gerade befinden.
- Bei Unsicherheit ziehen sich Menschen auf eingeschliffene persönliche Verhaltensmuster zurück.
- Persönlichkeitsentwicklung bedeutet, bewusster Einfluss auf sich und seine Mitmenschen nehmen zu können. Das Verständnis von Körpersprache ist dazu unerlässlich.
- Das Verständnis sozialer Situationen ist unabdingbar für den Erfolg im Beruf.
- Um sich sozial kompetent zu verhalten, müssen Sie körpersprachliche Signale anderer analysieren und eigene bewusst einsetzen können.
- Kommunikation ist ein Wechselwirkungsprozess. Jeder Gesprächspartner reagiert stets auf die Mitteilungen des Gegenübers und sendet seinerseits neue Signale.
- Wie Menschen auf andere zugehen, bestimmt ganz wesentlich deren Reaktion.
- Ihre Körpersprache beeinflusst ganz wesentlich die Wahrnehmung durch andere.
- Einzelne körpersprachliche Signale sind oft mehrdeutig und nur im Zusammenhang mit anderen Informationen zu bewerten.

- Verwechseln Sie Körpersprache nicht mit der »Lehre vom Körperbau«. Die Physiognomie dient eher der Bestätigung gängiger Vorurteile und hilft Ihnen nicht, die Dynamik von Kommunikationsprozessen zu durchschauen.

3

Die Vokabeln der Körpersprache

Für viele Menschen ist die Körpersprache ein Buch mit sieben Siegeln. Der Einstieg in das Erlernen einer fremden Sprache beginnt mit dem Vokabellernen. Nur wer weiß, welche Bedeutung einzelne körpersprachliche Signale haben können, ist in der Lage, sich ein Gesamtbild erschließen. Wir erläutern Ihnen in diesem Kapitel die Vokabeln der Körpersprache. Sie lernen, Ihre Aufmerksamkeit gezielt auf körpersprachliche Signale auszurichten. Mit einer geschärften Beobachtungsgabe werden Sie die Absichten Ihrer Gesprächspartner besser erkennen können.

Die Bedeutung von körpersprachlichen Signalen ist situationsabhängig

Wenn Menschen anfangen, sich mit der Körpersprache zu beschäftigen, sind sie normalerweise auf der Suche nach besonders aussagekräftigen Geheiminformationen, die die inneren Beweggründe anderer Menschen deutlich werden lassen. Am Beginn der Auseinandersetzung mit Körpersprache steht oft der Wunsch, andere besser durchschauen zu können. Es gibt aber keine allgemeingültigen körpersprachlichen Aussagen. Wir haben Ihnen schon erläutert, dass einzelne körpersprachliche Signale in unterschiedlichen Situationen eine andere Bedeutung haben können. Sie sind üblicherweise nicht eindeutig genug, um präzise Rückschlüsse über die Absichten und die momentane Befindlichkeit Ihres Gegenübers zu erlauben.

Das reine Vokabellernen im Fach Körpersprache ist daher nur eine Basis, auf der Sie noch zusätzliche Informationen brauchen, um das Verhalten Ihrer Gesprächspartner richtig einordnen zu können. Sie müssen körpersprachliche Signale in Beziehung zueinander, zur Person, zu Erwartungshaltungen und zur Situation setzen können. Nur dann erhalten Sie aussagekräftige Informationen. Zusätzlich dazu müssen Sie natürlich auch die Wortäußerungen von Personen beachten. Dennoch brauchen Sie Hinweise, worauf Sie bei Ihrer Auseinandersetzung mit Körpersprache überhaupt achten müsssen.

Körpersprache muss in Beziehung gesetzt werden

Die körpersprachlichen Signale, die von Menschen gesendet werden, lassen sich in mehrere Bereiche unterteilen. Zu der Körpersprache gehören nicht nur die Handbewegungen und Gesten, sondern auch die Körperspannung, die Art zu gehen, die Distanz, die zu anderen Menschen eingehalten wird, und der Tonfall der Stimme. In allen diesen Bereichen gibt es aussagekräftige Hinweise für das bessere Verständnis zwischenmenschlicher Kommunikation. Im Folgenden werden wir Ihre Beobachtungsgabe für die einzelnen Bereiche der Körpersprache schärfen.

Mimik

Unsere Umgangssprache ist voller Beschreibungen, die sich auf die sichtbaren Stimmungen in der Mimik von Menschen beziehen. Man spricht von »weit aufgerissenen Augen« und meint Erstaunen, wer sich »auf die Lippen beißt«, möchte Informationen zurückhalten, und wenn vom »Naserümpfen« die Rede ist, wird ein unangenehmer Eindruck kommentiert.

Über die Mimik werden Gemütszustände transportiert

Zur Mimik zählen die Bewegungen der Gesichtsmuskulatur. Mithilfe der Augen, der Stirnpartie, der Nase oder des Mundes werden Gemütszustände oder aktuelle Empfindungen ausgedrückt.

Die Augen

Wenn wir einem Menschen gegenübersitzen und auf seine Augen achten, können wir viele Botschaften beobachten. Beispielsweise vermitteln uns zusammengekniffene Augen Zweifel, ein offener Blick dagegen signalisiert die Bereitschaft zuzuhören.

Überraschung oder Furcht können ausgedrückt werden

Aufgerissene Augen können Überraschung, aber auch Furcht ausdrücken. Geschlossene Augen lassen vermuten, dass unser Gegenüber gerade eigenen Gedanken nachhängt und momentan nicht bereit ist, weitere Informationen aufzunehmen. Ein gesenkter Blick lässt auf Nachgeben schließen.

Das Hochziehen einer Augenbraue bedeutet meistens Skepsis, die aber auch durchsetzt sein kann mit Spott und Abwertung. Das Hochziehen beider Augenbrauen drückt vornehmlich Überraschung oder Erstaunen aus.

Der Blickkontakt ist in der Kommunikation besonders wichtig. Wer ständig den Blicken anderer ausweicht, vermittelt Unsicherheit. Ein starrer, zu lang andauernder Blickkontakt wird zumeist als Konfrontation empfunden. Beim angemessenen Blickkontakt gibt es einen Wechsel zwischen Hinschauen und Wegschauen. Gute Redner und souveräne Gesprächspartner blicken Zuhörer beim Sprechen an und senken den Blick zwischendurch immer kurz, um die Gedanken zu sammeln. Als Zuhörer sollten Sie ständig den Blickkontakt halten, um zu zeigen, dass Sie aufmerksam zuhören. Redner achten in der Regel mit kurzen Kontrollblicken darauf, ob Sie noch mit Interesse bei der Sache sind.

Die Bedeutung des Blickkontakts

Ohne Blickkontakt lässt sich nur schwer eine Beziehung zum Gesprächspartner herstellen. Die Kommunikationsprozesse werden empfindlich gestört. Blickkontakt ist eine wesentliche Voraussetzung, um eine Brücke zu anderen Menschen zu schlagen. Die Macht der Augen erkennen Sie auch daran, dass Sie es selbst dann merken, angesehen zu werden, wenn Sie in eine andere Richtung schauen. Sie brauchen jemandem nur lange genug auf den Hinterkopf zu starren, um ihn dazu zu veranlassen, sich zu Ihnen umzudrehen.

Schärfen Sie Ihre Wahrnehmung

Die Pupillengröße der Augen ist jedoch nur bedingt aussagekräftig. Physiologische Prozesse wie Reaktionen auf Lichteinfall oder Medikamenteneinnahme überstrahlen oft die Reaktionen auf Gesprächspartner. Eine plötzliche Vergrößerung der Pupillen kann natürlich Interesse demonstrieren. Aber seien Sie hier mit vorschnellen Deutungen vorsichtig.

Um Ihnen den Einfluss Ihrer Augen und des Blickkontakts deutlich zu machen, haben wir eine Übung für Sie zusammengestellt. Schärfen Sie anhand dieser Übung Ihre Wahrnehmung für die Wichtigkeit und Macht des Blickkontakts.

Die Macht Ihrer Augen

Übung

Lernen Sie in dieser Übung, die Wirkung Ihres Blicks einzuschätzen. Sie werden mit Ihren Augen zwei verschiedene körpersprachliche Signale senden und auf die Reaktionen achten.

Der intensive Blick: Machen Sie sich bewusst, dass durch einen Blick Kontakt aufgebaut werden kann. Probieren Sie aus, ob Sie mit Ihrem Blick Aufmerksamkeit erzielen können. Versuchen Sie, einen Kontakt herzustellen, bevor sich Ihre Blicke mit denen eines anderen gekreuzt haben.

Sehen Sie in einer geeigneten Situation, beispielsweise in der Kantine, im Café oder auf einer Party, eine Person, die gerade nicht zu Ihnen schaut, bewusst längere Zeit an. Beobachten Sie, ob diese Person bemerkt, dass Sie Kontakt aufnehmen wollen. Wenn die Person ihre Aufmerksamkeit nicht intensiv auf andere Dinge oder Menschen richtet, wird sie sich nach einer gewissen Zeit zu Ihnen umdrehen. Ob Sie dann den Kontakt durch Niederschlagen der Augen abbrechen oder mit einem Lächeln auf die Aufnahme eines Gespräches hinsteuern, überlassen wir Ihnen.

Irritationen: Im zweiten Teil der Übung werden Sie sehen, dass ein Abbruch des Blickkontaktes auch zu einem Abbruch der Kommunikation führen kann. Kurze Zeitspannen des Wegsehens werden Gesprächspartner ebenso tolerieren wie das zeitweilige Schließen der Augen. Sehen Sie aber längere Zeit an einer Person vorbei, die gerade mit Ihnen spricht, wird sie ihren Redefluss unterbrechen. Lernen Sie, nach welcher Zeit des Wegsehens die Kommunikation empfindlich gestört wird.

Beginnen Sie damit, dass Sie im Gespräch immer wieder für einen kurzen Augenblick den Blickkontakt unterbrechen. Weiten Sie anschließend die Phasen des Wegsehens aus, bis Sie letztendlich den Kopf abwenden und bewusst in eine andere Richtung sehen. Lernen Sie zu erkennen, wann der andere in seinem Gesprächsfluss stockt und Zeichen der Irritation zeigt.

Bewusster kommunizieren

Die vorstehende Übung sollten Sie auf jeden Fall in privaten Situationen machen, damit Sie eine eventuelle Verärgerung Ihres Gesprächspartners auffangen und wieder auflösen können. Erklären Sie Ihrem Gegenüber nach dem Experiment, dass Sie sich gerade mit Körpersprache beschäftigen und lernen möchten, bewusster zu kommunizieren.

Die Stirn

Die Informationen, die »von der Stirn abzulesen sind«, sind meistens gekoppelt an einen bestimmten Augenausdruck. Wer die Augen weit aufreißt, wird seine Stirn in waagerechte Falten legen. Dies kann bedeuten, dass die dem Geschehen gewidmete Aufmerksamkeit groß ist und weitere Informationen benötigt werden.

Bei zusammengekniffenen Augen ergeben sich senkrechte Stirnfalten zwischen den Augenbrauen. Wahrscheinlich zweifelt Ihr Gegenüber Ihre Informationen an, er bleibt aber konzentriert und versucht, sich eine eigene Meinung zu bilden. In einigen Fällen können senkrechte Stirnfalten auch generelle Ablehnung, Protest oder Wut ausdrücken.

Senkrechte Stirnfalten

Die Signale, die von der Stirn allein ausgehen, sind meistens zweideutig. Senkrechte Stirnfalten können auf Ablehnung hindeuten. Es kann aber auch sein, dass die Person gerade nur stark konzentriert ist. Nicht zuletzt könnte Ihr Gegenüber auch nur versuchen, seinen Blick scharf zu stellen, beispielsweise weil etwas unleserlich ist, er seine Brille vergessen hat oder gerade geblendet wird.

Die Nase und die Wangen

Auch beim Naserümpfen entstehen senkrechte Stirnfalten. In diesem Fall liegen zwei körpersprachliche Signale vor und die Deutung wird etwas aussagekräftiger. Ein Mensch, der die Nase rümpft, versucht missliebige Eindrücke von der Wahrnehmung auszusperren: Ihm »stinkt etwas«. Es ist wahrscheinlich, dass Widerwillen oder Unbehagen vorliegen.

Achten Sie auch auf Abstufungen

Das Gegenteil, besonderes Interesse, könnte vorliegen, wenn die Nasenflügel gebläht werden. Dabei gibt es natürlich Abstufungen. Es kann sein, dass jemand seine Umwelt über Geruchseindrücke intensiver wahrnehmen möchte. Es kann aber auch sein, dass Begierde ausgedrückt wird. Zum Beispiel kann man beim intensiven Flirten das Aufblähen der Nasenflügel häufig beobachten. Analog zu den geblähten Nüstern eines Hengstes scheint damit sexuelles Interesse geäußert zu werden.

Die besondere Erregung, die über das Blähen der Nasenflügel ausgedrückt wird, kann aber auch negative Empfindungen widerspiegeln. Denn auch bei Zorn beben oft die Nasenflügel. Das »Zittern vor Wut« erfasst auch die Nase und die Wangen.

Plötzliche Veränderung der Wangenfarbe

Bei der Beobachtung der Wangen können Sie abgesehen von dem schon erwähnten Zittern Rötungen wahrnehmen. Ähnlich wie bei den Pupillen sollte man hier physiologische Gründe beachten, wenn plötzliche Veränderungen auftreten. Begegnen Sie jemandem mit roten Wangen, könnte er gerade aus der Kälte ins Warme gekommen sein, einen hohen Blutdruck haben, aber auch Freude verspüren. Am ehesten wird über rote Wangen ein gewisses Maß an Aufregung vermittelt. Röten sich die Wangen im Verlaufe eines Gespräches, ist der Grad der Aufregung plötzlich gestiegen. Ihr Gegenüber könnte sich ertappt fühlen oder ihm könnte etwas peinlich sein. Aber hier müssen Sie noch andere körpersprachliche Signale hinzuziehen, um keine falschen Schlüsse zu ziehen.

Der Mund und das Kinn

Zentrale Mitteilungselemente der Mimik

Der Mund ist nicht nur zum Sprechen da. Über die Mundpartie werden auch noch andere Signale gesendet, die gedeutet werden können. Der Mund ist ein zentrales Mitteilungselement der Mimik. Über den Spannungsgrad der Mundpartie werden viele unterschiedliche Eindrücke vermittelt. Geläufige Redewendungen lauten: »Da bleibt vor Staunen der Mund offen«, »Man beißt sich vor Wut auf die Lippen« oder »Jemand zeigt ein entwaffnendes Lächeln«.

Das Lächeln ist eine Mitteilung, die auf den ersten Blick zu sehen ist. Ob jemand ein Lächeln zeigt und damit seiner Umwelt aufgeschlossen gegenübersteht oder ob jemand missmutig Kontakt ablehnt, ist sofort zu erkennen. Signalisiert wird dies durch die Richtung, in die die Mundwinkel gezogen werden. Beim Lächeln zeigen die Mundwinkel nach oben, bei einem missmutigen Ausdruck nach unten.

Die Bewegung der Mundwinkel

Viele Menschen steuern die Richtung ihrer Mundwinkel ganz bewusst. Ein Lächeln kann deshalb auch falsch wirken, wenn die Mundwinkel nicht entspannt, sondern verkniffen in die gewünschte Richtung gezogen werden. Aus dem verkniffenen Lächeln können Sie nicht unbedingt schließen, dass man Ihnen wohlgesonnen und freundlich gegenübersteht. Dieses aufgesetzte Lächeln kann durchaus antrainiert sein. Der Betreffende zeigt keine momentane Stimmungslage, sondern eine Maske.

Verkniffene Lippen lassen ganz allgemein auf innere Anspannung schließen. Werden die Lippen zusammengepresst, ist die Bereitschaft für eine weitere Auseinandersetzung mit der Situation eher gering. Die aufeinander gepressten Lippen sollen verhindern, dass uns Informationen erreichen. Eine Ursache für diese Abschottung kann auch Überforderung sein. Manchmal folgt auf zusammengekniffene Lippen ein Weinkrampf, der die Hilflosigkeit untermauert.

Verkniffene Lippen – Zeichen innerer Anspannung

Beißen sich Menschen auf die Unterlippe, wird nicht nur die Situation abgelehnt, in der sie sich gerade befinden. Es ist auch zu vermuten, dass sie wütend und zornig sind. Ihnen fehlen Verhaltensalternativen, und oft ärgern sie sich dann über sich selbst. Wenn der Biss auf die Unterlippe von zuckenden Mundwinkeln begleitet wird, steht die Person höchstwahrscheinlich kurz vor einem Wutausbruch.

Bei einem freundlichen Lächeln ist der Mund oft leicht geöffnet, dies zeigt eine Erwartungshaltung an. Man freut sich auf das, was kommen wird, und steht Entwicklungen aufgeschlossen gegenüber. Wird der Mund weit geöffnet, ist die Person wahrscheinlich erstaunt. Schnappen Menschen mit geöffnetem Mund nach Luft, signalisieren sie Empörung. Der geöffnete Mund bei geschlossenen Lippen zeigt jemanden, der gerade »ein langes Gesicht« macht. Wird dann noch das Kinn zurückgeschoben, soll Erstaunen gepaart mit Ablehnung ausgedrückt werden.

Was Ihnen die Öffnung des Mundes sagt

Wird das Kinn bei geschlossenem Mund und geschlossenen Lippen vorgeschoben, soll Durchsetzungsfähigkeit demonstriert werden. Hier steht der Beginn einer Konfrontation im Raum, und Vorsicht ist angesagt.

Ein weit geöffneter Mund bei gleichzeitig geöffneten Lippen und hängendem Kinn wirkt debil. Jegliche Konzentration ist von der Person abgefallen. Komplexe Sachverhalte sind nicht mehr zu vermitteln.

Zeigt jemand seinem Gegenüber die Zähne, muss davon ausgegangen werden, dass eine gewisse Angriffslust vorliegt. Besonders deutlich wird dies, wenn bei geschlossenem Mund die Lippen gebleckt werden, sodass die Zähne deutlich sichtbar sind. Auch ein Lächeln, das die Zähne sehr weit entblößt, demonstriert eher Überlegenheit als freundliches Entgegenkommen.

Das Befeuchten der Lippen

Wenn sich jemand mit der Zungenspitze über die Lippen fährt, scheint die Person Vorfreude zu empfinden. Die Lippen werden sozusagen in Erwartung kommender Genüsse befeuchtet. Dieses Verhalten sensibilisiert für sinnliche Wahrnehmungen. Dieser Mensch genießt die momentane Situation und ist für nüchterne Fakten in dieser Situation nicht besonders empfänglich.

Das Befeuchten der Lippen wird oft auch in Verbindung mit einer Schnute gezeigt. Die Lippen werden aufgestülpt, um auch die sensiblen inneren Bereiche der Lippen mit der Außenwelt in Kontakt zu bringen. Nicht immer demonstriert eine Schnute jedoch Genussabsichten. Eine Schnute ist auch zu sehen, wenn etwas begutachtet oder überprüft werden soll. Dies kann bis zum Protest reichen. Jemand »schmollt vor sich hin«, wenn er Verdrossenheit oder Trotz ausdrücken möchte.

Schärfen Sie Ihre Sensibilität

Um Ihre Sensibilität für Gesichtsausdrücke zu schärfen, sollten Sie die nachfolgende Übung machen. Probieren Sie an sich selbst aus, wie unterschiedliche Eindrücke auf Ihrem Gesicht abzulesen sind. Stellen Sie sich vor, wie Ihre Mimik auf andere wirkt.

Der Zugang zur eigenen Mimik

Übung

Vielen Menschen ist gar nicht bewusst, mit welcher Mimik sie auf bestimmte Stimmungslagen reagieren. Könnte es für Ihre Mitmenschen einen Anlass zu Missverständnissen geben? Lächeln Sie unsicher, wenn Sie eigentlich verstimmt sind? Blecken Sie Ihre Zähne, obwohl Sie sich eigentlich freuen? Wirken Sie, wenn Sie wütend sind, eher konzentriert? Sie brauchen keinen Schauspielkurs, um zu Ihrer Mimik einen besseren Zugang zu finden.

Stellen Sie sich vor einen Spiegel und versuchen Sie, die anschließend aufgeführten Stimmungslagen mit Ihrer Mimik auszudrücken.

Wut: Stellen Sie sich vor, bei welchem Anlass Sie das letzte Mal richtig wütend waren. Drücken Sie diese Wut in Ihrem Gesicht aus.

Erstaunen: Wenn Sie versuchen, Erstaunen ausdrücken, kann es Ihnen weiterhelfen, dabei Worte wie »Wirklich?«, »Ist nicht wahr?« oder »Wow!« auszusprechen.

Ablehnung: Spontane Ablehnung nur durch die Mimik zu vermitteln, fällt den meisten Menschen schwer. Wir sind meistens zu nett zu anderen. Nehmen Sie abwehrend gehobene Hände zu Hilfe und rücken Sie Ihr Kinn bewusst ein. Dann wird es Ihnen leichter gelingen, Ablehnung nachzuempfinden.

Freude: Achten Sie auf Ihren individuellen Ausdruck der Freude. Freude muss nicht immer überschäumend sein. Stellen Sie sich vor, dass Sie eine/n gute/n Freund/in nach langer Zeit wieder sehen.

Zustimmung: Beschränken Sie sich nicht nur darauf zu nicken, schauen Sie sich genau an, was Ihre Mimik bei Zustimmung widerspiegelt.

Interesse: Sehen Sie sich im Spiegel interessiert an, wie interessant es sein kann, Interesse zu sehen. Anders ausgedrückt, machen Sie es einmal umgekehrt: Zeigen Sie nicht das Pokerface, sondern ehrliches Interesse.

Gestik

Gesten haben eine eigenständige Mitteilungsfunktion

Unter Gestik sind Arm, Hand- und Fingerbewegungen zu verstehen. Die Gesten, die wir ausführen, haben eine große Aussagekraft und können uns dabei helfen, Wortäußerungen zu unterstreichen, wichtige Argumente zu betonen und Aufmerksamkeit zu gewinnen. Gesten haben jedoch auch ohne begleitende Worte eine eigenständige Mitteilungsfunktion. Die über Gesten vermittelten Aussagen stehen oft sogar im Widerspruch zu sprachlichen Aussagen.

Auf Gesten reagieren Menschen in der Regel unmittelbar. Das Tippen an die Stirn oder der demonstrativ ausgestreckte Mittelfinger wird mit Sicherheit nicht übersehen und kann Ihnen durchaus eine Beleidigungsklage einbringen. Die meisten

Gesten rufen sicherlich nicht ganz so drastische Reaktionen hervor. Dennoch werden sie in jedem Falle registriert werden und ihnen wird auch stets eine bestimmte Aussage zugesprochen werden.

Damit sich die Vielfalt der Gesten kategorisieren lässt, unterscheiden wir Aggressionsgesten, Unsicherheitsgesten und Kooperationsgesten. Die Gesten aus diesen drei Kategorien sind in Gesprächssituationen besonders aussagekräftig. Aber Vorsicht: Auch hier lassen sich manche Gesten mehreren Kategorien zuordnen und werden nur im Zusammenhang mit anderen Signalen verständlich. Beispielsweise können vor der Brust verschränkte Arme sowohl Aggression als auch Unsicherheit anzeigen. Auch erhobene Hände mit dem Gesprächspartner zugewandten Handflächen können sowohl Kooperationsbereitschaft als auch den Wunsch nach einer höheren Aufmerksamkeit signalisieren.

Aggressionsgesten, Unsicherheitsgesten und Kooperationsgesten

Aggressionsgesten

Eine eindeutige Aggressiongsgeste sehen Sie, wenn die Hand zur Faust geballt wird. Insbesondere wenn die Fingerknöchel durch die Verkrampfung weiß hervortreten, müssen Sie mit einer Konfrontation rechnen. Wird die Faust dagegen im Wechsel geöffnet und geschlossen, kann es durchaus sein, dass sich Ihr Gegenüber zur Leistung anspornen und motivieren will.

Schon als Kind haben wir gelernt, dass wir nicht mit dem Finger auf fremde Leute zeigen sollen. Zeigt jemand mit ausgestrecktem Finger auf uns, ist dies als Herausforderung zu verstehen. Diese Aufforderung zu einer Auseinandersetzung muss nicht immer unfreundlich sein. Sie deutet aber immer auf eine gespannte Stimmung hin.

Der ausgestreckte Finger

Sehen Sie, dass jemand die Fingerspitzen aneinander legt, sodass die Hände einen Keil bilden, so kann dies als Hinweis darauf gesehen werden, dass Sie »untergepflügt« werden sollen. Der andere will dann seine Interessen durchsetzen und Sie und Ihre Wünsche aus dem Weg räumen.

Die »doppelläufige Pistole« zeigt Angriffstendenzen

Eine Geste, bei der die mit den Fingern gebildete Form noch deutlichere Angriffstendenzen anzeigt, ist das Aneinanderlegen der Zeigefinger mit der Verschränkung der restlichen Finger und den auf die Zeigefinger aufgelegten Daumen: die (doppelläufige) Pistole. Wenn Sie sehen, dass Ihr Gesprächspartner mit den Händen die Pistole gebildet hat, können Sie vermuten, dass er sich den Weg »freischießen« will. Entweder möchte er Sie aus dem Weg räumen oder er fühlt sich in die Ecke gedrängt und sieht sich gezwungen, zum letzten Mittel für einen Ausbruch aus der Situation zu greifen. In der einhändigen Version sehen Sie diese Geste seltener. Die Aussage bleibt aber gleich, es sei denn, Sie kennen Ihr Gegenüber bereits besser. Dann könnte diese Geste auch bedeuten: »Ich hab dich (mit einem unwiderlegbaren Argument) erwischt.«

Schlägt jemand mit der flachen Hand oder der Faust auf den Tisch, ist die Situation bereits eskaliert. Ein indirekter Schlag ist gegen den Gesprächspartner geführt worden. Kampfbereitschaft steht im Raum, es geht nur noch darum, Machtansprüche durchzusetzen.

»Luftschläge« als Zeichen der Geringschätzung

In der Luft von oben nach unten geführte Schläge, egal ob mit der Faust, mit der Handkante oder mit der flachen Hand ausgeführt, drücken Abwertung und Geringschätzung aus. Etwas soll kleiner gemacht werden, als es momentan erscheint. Oder jemand soll zurechtgestutzt werden beziehungsweise »einen auf den Deckel kriegen«.

Wer mit den Fingern auf der Tischplatte trommelt, zeigt Ungeduld. Entweder werden im Gespräch nicht die erwarteten Fortschritte erzielt oder es besteht der Wunsch, eine unangenehme Situation möglichst schnell zu beenden.

Vor der Brust verschränkte Arme können unterschwellige Aggression ausdrücken, besonders wenn die Hände dabei zur

»Wehe, Sie widersprechen!«

Faust geballt werden. Es wird eine Schranke aufgebaut, die anderen signalisiert: »Bis hierhin und nicht weiter.« Das Umschwenken vom Abblocken zum Angriff ist leicht möglich. Werden die Arme entflochten, befinden sie sich abgewinkelt in Schlagposition.

Auf eine noch etwas verdeckt gehaltene Angriffslust kann geschlossen werden, wenn eine Faust mit der anderen Hand umklammert wird. Die Person ist sich noch nicht sicher, ob sie angreifen oder den Angriff zurück halten soll. Es ist aber zu vermuten, dass ihr Unmut erregt wurde.

Revolverhelden – fertig zum Duell

Wie zum Duell aufgestellt wirken Menschen, wenn sie beide Daumen in die Hosentaschen einklinken und die restlichen Finger auf dem Oberschenkel aufliegen lassen. Sie erinnern dann an den Revolverhelden kurz vor dem Griff zu seiner Pistole. Es soll signalisiert werden, dass die Person für ihre Ansichten kämpfen wird. Die Bereitschaft zur Auseinandersetzung ist vorhanden.

Der Aggression auf der Spur

Übung

Aggressionsgesten lassen sich gut in kontrovers geführten Diskussionen, beispielsweise in Talkshows im Fernsehen, beobachten. Suchen Sie sich eine Talkshow heraus, in der Vertreter unterschiedlicher politischer Richtungen miteinander über ein Thema diskutieren. Sie können auch eine Sendung wählen, in der einem Politiker von einem oder mehreren Journalisten auf den Zahn gefühlt wird. Oder Sie entscheiden sich für eine Nachmittagstalkshow zu persönlichen Themen, in der üblicherweise die Fetzen fliegen.

Konzentrieren Sie sich auf die Gesten der eingeladenen Gäste. Versuchen Sie, Zusammenhänge zwischen einer provokativen Frage und dem durch eine Aggressionsgeste widergespiegelten Gegenangriff zu erkennen. Obwohl gerade geübte Talkshowgäste versuchen, ruhig und gelassen zu bleiben, werden ihnen dennoch ab und zu Aggressionsgesten entschlüpfen.

Vielleicht entdecken Sie auch bevorzugte Aggressionsgesten einzelner Teilnehmer. Versuchen Sie dann, diese Gesten schon frühzeitig wahrzunehmen, bevor sie voll ausgeformt sind. So bereiten Sie sich darauf vor, Angriffe oder auch Gegenangriffe schon im Ansatz erkennen zu können.

Unsicherheitsgesten

Mit geschultem Blick lassen sich eigentlich in jeder Unterhaltung Unsicherheitsgesten erkennen. Stellen wir eine Frage und unser Gegenüber kratzt sich zunächst mit einem Finger am Kopf, bevor er mit der Antwort ansetzt, hat er dies meist getan, um etwas Zeit zu gewinnen. Die Antwort ist ihm nicht leicht gefallen.

Vereinzelte Unsicherheitsgesten lassen erkennen, dass jemand momentan nicht weiter weiß. Häufen sich jedoch Unsicherheitsgesten, liegt die Vermutung nahe, dass die Person mit der gesamten Situation überfordert ist. Aus welchen Beweggründen Unsicherheitsgesten gezeigt werden, ist nicht immer einfach festzustellen. Es kann sein, dass dem Gesprächspartner eine Antwort nicht einfällt, aber auch, dass er etwas verschweigen will oder etwas zu verbergen hat.

Ein Hinweis auf Überforderung

Die eindeutigsten Hinweise darauf, dass jemand nicht mit der vollen Wahrheit herausrücken möchte, liegen vor, wenn die Hand zum Gesicht geführt wird. Die Gesten erscheinen dann als Varianten davon, sich den Mund zuzuhalten. Beispielsweise wird die Hand zunächst zum Mund geführt und dann schnell zur Nase hin abgelenkt. Aber auch hier sollten Sie nicht zu schnell Schlüsse ziehen: Ein unwiderlegbarer Beweis, dass jemand gerade gelogen hat oder jetzt anfangen will, die Unwahrheit zu sagen, sind diese Gesten nicht.

Meistens geht es um selbst gesetzte Informationsgrenzen, also um eine Selektion der Aussagen, und nicht allein um deren Wahrheitsgehalt. Zu den Gesten, die bewusste Zurückhaltung beim Informationsaustausch vermuten lassen, zählen der Griff an die Nase, das Legen eines oder mehrerer Finger auf die Lippen, der Griff an die Stirn, sodass die Handfläche den Mund verdeckt. Die vor den Mund gelegte Faust zeigt zusätzlich, dass jemand sein Schweigen zu bestimmten Punkten auch aggressiv verteidigen würde.

Bewusste Zurückhaltung beim Informationsaustausch

Zu den Unsicherheitsgesten zählen auch körpersprachliche Barrieren, die aufgebaut werden und dann als Abwehrgesten fungieren. Die vor der Brust verschränkten Arme gehören dazu, insbesondere wenn die flachen Hände unter die Achseln geklemmt werden. Werden gleichzeitig noch die Schultern hochgezogen, scheint die Person ängstlich zu sein.

Abgewinkelte Arme, die vor der Brust liegen, lassen vermuten, dass jemand sich abschotten will. Dies gilt auch, wenn nur ein Arm abgewinkelt vor der Brust liegt und dabei der Oberarm des anderen Armes umfasst wird.

Ineinander verschränkte Hände bilden ebenfalls eine Barriere. Eine deutliche Abgrenzung zu Aggressionsgesten ist hier jedoch nicht immer möglich. Die wie zum Gebet ineinander verschränkten Finger können signalisieren, dass jemand unsicher ist und auf eine Problemlösung von außen (Erleuchtung) wartet. Es könnte aber auch sein, dass jemand einen Rammbock bildet, um die Verteidigungslinie seines Gegenübers zu »knacken«. Letzteres gilt eher, wenn die Fingerknöchel auf den Gesprächspartner zeigen. Beim unsicheren »Warten auf Erleuchtung« zeigen die Knöchel zumeist nach oben.

Ineinander verschränkte Hände

Werden die ausgestreckten Finger ineinander verschränkt, soll der Zugang zur eigenen Vorstellungswelt und den Überzeugungen erschwert werden. Man will nichts an sich heranlassen und versucht deswegen, eine unüberwindbare Sperre aufzubauen. Diese Handhaltung wird auch »Spanischer Reiter« genannt, da die Form der Handhaltung an die zusammen genagelten Holzkreuze erinnert, mit denen früher die feindliche Kavallerie aufgehalten werden sollte.

Unsicherheitsgesten können die Konzentration des Gegenübers stark ablenken: Er konzentriert sich dann weniger auf die Inhalte der Kommunikation als auf die körpersprachlichen Signale. Gesten, die eigentlich nur einen Zeitgewinn für Überlegungen verschaffen sollten, wirken, wenn sie gehäuft auftreten als Störfeuer in der Kommunikation. Zu den Gesten, die einen Zeitgewinn ermöglichen sollen, zählen das Kratzen am Kopf, das Kneten des Ohrläppchens, das Massieren der Stirn, das Reiben der Nasenwurzel mit Daumen und Zeigefinger, das Auf- und Absetzen einer Brille und ganz generell das Herumspielen mit Gegenständen wie beispielsweise Stiften.

Gesten zur Zeitgewinnung

Manchmal hilft der Zeitgewinn nicht weiter, weil der Gesprächsfaden ganz gerissen ist. Dann beginnen viele Menschen damit, an sich selbst herumzunesteln. Es wird mit einzelnen Haarsträhnen oder Schmuck herumgespielt, der Krawattenknoten betastet, imaginäre Staubkörner werden von der Kleidung gefegt, das Kinn gerieben, über die Haare gestrichen, am Jackettrevers oder den Hosennähten entlanggefahren und Knöpfe zwischen den Fingern gedreht. Aber auch diese so genannten Putzgesten sind nicht unbedingt eindeutig. Zum Beispiel sind sie häufig beim Flirten zu beobachten. Sie signalisieren dann, dass sich jemand besonders schön für ein näheres Kennenlernen macht und somit Interesse am Gegenüber besteht.

Werden die Hände den Blicken des Gesprächspartners ganz entzogen, lässt dies nur bedingt auf Unsicherheit schließen. Mit hinter dem Rücken gehaltenen Händen, wobei eine Hand die andere festhält, schränkt man seinen Bewegungsspielraum ein. Dies kann zum einen Unsicherheit bedeuten, aber auch, dass jemand nicht bereit ist, von einer vorgefassten Meinung abzurücken. Die in die Hosentaschen geschobenen Hände sollen Lässigkeit vermitteln. Ob jemand tatsächlich gelassen bleibt oder nicht doch die Hand in der Tasche zur Faust ballt, ist oft nicht auf den ersten Blick herauszufinden.

»Verborgene« Hände

Kooperationsgesten

Einige Gesten im Gespräch lassen den Rückschluss zu, dass Ihr Gegenüber sich besondere Aufmerksamkeit von Ihnen wünscht oder selbst einen Vorschlag machen möchte. »Friedensangebote« werden üblicherweise mit der offenen Hand präsentiert. Dies soll zeigen, dass »die Waffen« aus der Hand gelegt sind und man sich mit guten Absichten an den anderen wendet. Auch das Händeschütteln dient dem Zweck, sich ge-

Die gesellschaftliche Konvention des Händeschüttelns

genseitig zu versichern, dass man in friedlicher Absicht kommt. Das Händeschütteln ist eine gesellschaftliche Konvention geworden, die wahre Absichten überdecken kann. Nur weil Ihnen jemand bereitwillig die Hand gibt, heißt dies nicht, dass er auch mit Ihnen kooperieren wird. Verweigert Ihnen jemand den Handschlag, können Sie dagegen sicher sein, dass Sie mit deutlichen Spannungen zu rechnen haben.

Die Stärke des Händedrucks

Der Händedruck unterliegt einer gewissen Erwartungshaltung. Ein zu lascher Händedruck kann genauso wie ein zu kräftiger Händedruck unangemessen sein und Anlass zu Spekulationen geben. Für den Gesprächsverlauf ist der Händedruck jedoch nicht besonders aussagekräftig. Interessanter ist es, ob jemand versucht, Sie von Anfang an »über den Tisch zu ziehen«. In diesem Fall wird er Ihre Hand sehr nah an sich heranziehen. Wer den Arm bei der Begrüßung dagegen sehr weit ausstreckt und dabei das Ellenbogengelenk durchdrückt, wird wahrscheinlich distanziert ins Gespräch gehen. Er lässt den Gesprächspartner nicht so leicht »an sich heran«.

Ein Schulterklopfen kann auch negative Bedeutung haben

Klopft man Ihnen zur Begrüßung auf die Schulter, muss auch dies nicht ausschließlich freundlich gemeint sein. Die von oben auf Ihre Schulter herabkommende Hand könnte auch dazu dienen, Sie in den Boden zu rammen, damit Sie beispielsweise in der Firmenhierarchie dort bleiben, wo Sie sind. Freundschaftlicher ist das leichte Tätscheln des Schulterblattes. Ein zu heftiger Schlag ins Kreuz kann allerdings auch der Versuch sein, Sie aus dem Gleichgewicht zu bringen. Wird Ihnen die Hand auf den Rücken gelegt und ein gleichmäßiger Druck in eine bestimmte Richtung ausgeübt, beispielsweise zu dem Ihnen angebotenen Sitzplatz hin, können Sie davon ausgehen, dass Ihr Gesprächspartner die Absicht hat, das Gespräch zu bestimmen.

Einen Hinweis auf Kooperationsbereitschaft sehen Sie, wenn Ihnen offene Handflächen präsentiert werden. Streckt man Ihnen die Arme mit nach oben gerichteten Handflächen entgegen, möchte Ihr Gegenüber entwaffnende Offenheit demonstrieren. Die auf Schulterhöhe gehaltenen, Ihnen zugewandten Handflächen sind zwar auch als Stoppsignal gedacht und sollen ausdrücken »Bis hierhin und nicht weiter«, die kooperative Atmosphäre bleibt aber bestehen. Sie erhalten eine zweite Chance, den Gesprächspartner zu überzeugen.

Offene Handflächen können auch gezeigt werden, um eine Aufforderung an andere zu richten, damit diese einen eigenen Beitrag zum Gespräch liefern. Dies ist vor allem dann der Fall, wenn die Hände in Bauchhöhe gehalten werden und die Handflächen dabei nach oben zeigen. Weist jemand mit den Fingerspitzen einer Hand in die offene Handfläche der anderen Hand, erwartet er, dass man ihm entgegenkommt oder besondere Zugeständnisse macht.

Offene Handflächen sollen auffordern

Offene und abweisende Handbewegungen werden auch oft kombiniert. Beispielsweise kann damit in Diskussionen ein zu langer Beitrag abgeblockt und gleichzeitig das Wort an jemand anderen erteilt werden. Werden die vor dem Körper gehaltenen Handflächen auf und ab bewegt, versucht jemand gerade, verschiedene Aspekte gegeneinander abzuwägen. Dies zeigt Ihnen, dass er sich noch nicht sicher ist, seine Entscheidung steht noch aus. Weitere Argumente von Ihrer Seite könnten dann den Ausschlag in eine bestimmte Richtung geben.

Händereiben signalisiert Zufriedenheit

Reibt Ihr Gesprächspartner die Handflächen aneinander, könnte dies in einer entspannten Gesprächsatmosphäre ein Hinweis auf seine Zufriedenheit oder eine gewisse Vorfreude sein. Positive innere Einstellungen sollen durch das Händereiben verstärkt werden.

Sehen Sie, dass jemand im Gespräch immer wieder mit den Fingerspitzen die Daumenkuppe berührt, kann es sein, dass er sich gerade anfeuert. Die Bereitschaft weiterzumachen ist vorhanden. Bei Tennisspielern ist diese Geste ab und zu zwischen den Ballwechseln zu sehen, oft wird noch dazu auf die Fingerkuppen gepustet, um sich weiter zu motivieren.

Der Spannungsbogen soll gehalten werden. Eine konstruktive Auseinandersetzung soll konzentriert weitergeführt werden.

Handzeichen

Übung

Probieren Sie einmal die kooperative Wirkung offener Handflächen aus. Wenn Sie Ihrem Gegenüber die Handflächen präsentieren, dokumentieren Sie, dass Sie keinen Angriff beabsichtigen. Dies bedeutet aber nicht, dass Ihr Gegenüber mit Ihnen alles machen darf, was er möchte. Bleiben Sie auch in der Kooperation standhaft und vertreten Sie Ihre Interessen. Dazu müssen Sie keine Aggressionsgesten einsetzen. Lernen Sie die Abstufungen von kooperativen Handzeichen kennen.

Setzen Sie sich das Trainingsziel, in einem ausgewählten Gespräch bewusster mit offenen Handflächen zu operieren. Zeigen Sie Ihrem Gegenüber Ihre Handflächen, wenn Sie ein Angebot machen. Wenden Sie ihm die erhobenen Handflächen zu, wenn Sie ihm signalisieren wollen: »Bis hierhin und nicht weiter!« Befinden Sie sich in einem Zwiespalt, können Sie eine Hand erheben und den anderen Arm mit offener Hand Ihrem Gesprächspartner entgegenstrecken. Fühlen Sie sich in einer Entscheidung unsicher, können Sie die vor der Brust gehaltenen und mit der Innenseite auf Ihr Gegenüber gerichteten Hände von links nach rechts schwenken. Die Bewegung ähnelt einem Scheibenwischer, der die Sicht für Sie klarer machen soll. Finden Sie einen Vorschlag völlig unakzeptabel, können Sie ihn mit offener Handfläche langsam, aber deutlich zu Ihrem Gesprächspartner zurückschieben.

Haltung

Stehen Sie »mit beiden Beinen im Leben«? Können Sie »den Standpunkt wechseln«? Hat man Ihnen schon einmal »die kalte Schulter gezeigt«? Die Haltung, die Menschen einnehmen, zeigt, wie sie zu anderen und zu sich selbst stehen. Durch die Art und Weise, wie jemand sitzt, steht oder geht, werden viele Informationen übermittelt. Es lohnt sich, einmal genauer hinzusehen. Sympathie und Interesse lassen sich an der Haltung genauso ablesen wie Ablehnung oder Desinteresse.

Mit beiden Beinen im Leben

Sitzen

Beim Sitzen ist aussagekräftig, wo jemand sitzt, wie er sitzt und in welcher Weise er seine Haltung verändert. Durch die Sitzposition können Statusunterschiede ausgedrückt werden. Thront Ihr Gesprächspartner auf dem Chefsessel und weist Ihnen einen einfachen Besucherstuhl zu, müssen Sie vermuten, dass er versuchen wird, Überlegenheit zu demonstrieren.

Auch Distanziertheit oder der Wunsch nach Nähe lassen sich an Sitzpositionen ablesen. Wird Wert auf Distanz gelegt, wird man auf eine Barriere zwischen sich und dem Gesprächspartner achten und sich frontal gegenüber setzen. Nicht nur die Barriere zwischen den Gesprächspartnern, beispielsweise durch einen Schreibtisch, wird die Gesprächssituation verschärfen, sondern auch die frontale Sitzhaltung. Eine frontale Gesprächsposition baut auch im Sitzen Spannungen auf. Ein Weg zur Reduzierung dieser Anspannung ist, die Sitzhaltung etwas zu öffnen und sich leicht schräg zur Tischplatte zu setzen.

Distanziertheit oder der Wunsch nach Nähe können ausgedrückt werden

Bei einer Sitzhaltung über Eck lässt sich schon körperlich ein Schulterschluss besser bewerkstelligen. Die frontale Sitzhaltung ist aufgelöst, die Gesprächspartner begegnen sich in einer offeneren Sitzhaltung. Die Gesprächssituation ist nicht von vornherein belastet, und Gemeinsamkeiten lassen sich viel besser herausarbeiten. Bei größeren Konferenzen kann man an einem herkömmlichen Tisch natürlich nicht alle Gesprächsteilnehmer zueinander über Eck setzen. Abhilfe schafft hier der runde Tisch, der schon durch die Sitzanordnung für eine kooperative Atmosphäre sorgt. Es fällt leichter, alle Gesprächspartner im Blick zu behalten und damit in das Gespräch zu integrieren.

Die Sitzposition ist nur der erste Hinweis darauf, in welcher Atmosphäre ein Gespräch vermutlich verlaufen wird. Weitere Schlüsse lassen sich aus der eingenommenen Körperhaltung ziehen. Oft ist die Haltung im Sitzen aussagekräftiger als die Position, vor allem natürlich dann, wenn es keine Alternativen für eine bestimmte Sitzposition gibt, beispielsweise weil nur eine Sitzmöglichkeit in einem Raum vorhanden ist.

Sitzhaltung und Sitzposition

Sitzt Ihr Gegenüber nur auf der vorderen Stuhlkante und beugt sich dabei leicht vor, fühlt er sich unwohl und möchte am liebsten die Flucht ergreifen. Vielleicht hat er noch einen anderen Termin, den er wahrnehmen möchte, vielleicht fühlt er sich von der Situation überfordert, oder er sieht keinen Grund mehr, noch lange weiterzureden.

Drückt sich jemand dagegen förmlich in den Stuhl hinein, indem er sich mit den Händen an den Armlehnen festklammert und die Füße um die Stuhlbeine schlingt, fühlt er sich wahrscheinlich hilflos, ausgeliefert und »in die Enge getrieben«. Der Stuhl fungiert für ihn dann als eine Art Rettungsanker und gibt ihm Halt in einer ungewissen Situation.

Gespreizte Beine bei Männern und Frauen

Weit auseinander gespreizte Beine bei Männern sind eine Dominanzgeste. Wie ein Pavian möchte sich jemand durch das Zurschaustellen seiner Genitalien Respekt verschaffen und hofft, dadurch »zum Chef auf dem Affenfelsen« zu werden. Frauen nehmen diese Haltung gewöhnlich nicht ein, ganz selten wird sie zur Provokation eingesetzt.

Werden die Beine so übereinander geschlagen, dass der Fußknöchel des abgewinkelten oberen Beines auf dem Knie des unteren Beines aufliegt, handelt es sich um eine abgemilderte Variation der gespreizten Sitzhaltung. Der quer gelegte Unterschenkel kann als Barriere gegenüber dem Gesprächspartner gesehen werden. Aus dieser Haltung heraus kann man sich auch nur schwer zu seinem Gegenüber hinüberbeugen. Eine gewisse Distanz zum Gesprächspartner bleibt somit gewahrt. Dadurch soll Selbstsicherheit ausgedrückt werden. Eine vorgefasste Meinung wird dann nur schwer zu ändern sein. Es kommt erst wieder »Bewegung ins Gespräch«, wenn die Beinhaltung geändert wird.

Die konventionelle Sitzhaltung der Frau

Frauen schlagen die Beine häufig so übereinander, dass die Kniekehle des oberen Beines auf dem Knie des unteren Beines aufliegt. Aus dieser Haltung kann man nur schwer Schlüsse ziehen, da es sich um eine konventionelle Sitzhaltung handelt. Für Frauen, die einen Rock tragen, ist es außerdem die einzige gesellschaftlich anerkannte Beinhaltung. Schlagen Männer die Beine eng übereinander, könnte mit einer gewissen Verschlossenheit zu rechnen sein.

Der »Nasen-Nabel-Kontakt«

Bei einer Sitzposition nebeneinander oder schräg zueinander kann durch das Übereinanderschlagen der Beine auch Zuwendung oder Ablehnung sichtbar gemacht werden. Das heißt, dorthin, wo die Oberschenkel-Innenseite des übergeschlagenen Beines zeigt, ist auch die Sympathie gerichtet. Sitzt jemand rechts von Ihnen und schlägt sein linkes Bein über, ist seine Aufmerksamkeit nicht auf Sie gerichtet. Entwickelt sich ein nettes Gespräch, wird er das rechte Bein überschlagen und sich Ihnen mit dem Oberkörper zuwenden. Die Innenseite des Oberschenkels ist also nur ein Indikator. Wichtiger ist, ob jemand Ihnen den Oberkörper zudreht, denn bei echter Zuwendung wird nicht nur der Kopf herumgedreht, es folgt auch der Oberkörper. Besonders anschaulich lässt sich dies mit dem Begriff »Nase-Nabel-Kontakt« ausdrücken: Erst wenn Nase und Nabel auf einer Linie liegen und Ihnen zugewandt sind, können Sie mit ungeteilter Aufmerksamkeit rechnen.

Herumzappeln deutet auf Nervosität hin

Einige Menschen verändern dauernd ihre Sitzposition und rutschen auf dem Stuhl herum. Dies deutet auf Nervosität und innere Anspannung hin. Die Konzentration auf die Gesprächsinhalte wird ihnen schwer fallen. Das durch fahrige Bewegungen dokumentierte Aufmerksamkeitsdefizit-Syndrom bezeichnete man früher mit dem Schlagwort »Zappelphilipp«. Hier hindern Gedankensprünge, Konzentrationsmängel und innere Unruhe die Informationsaufnahme.

Mit Aufmerksamkeit für Ihre Äußerungen können Sie dagegen rechnen, wenn Ihr Gegenüber aufrecht und ruhig im Stuhl sitzt. Bei Punkten, die ihn besonders interessieren, wird er sich aus dieser aufrechten Haltung leicht in Ihre Richtung beugen. Lehnt sich Ihr Gesprächspartner sehr weit vor, hat er wahrscheinlich eine Anmerkung zu machen oder möchte eine Nachfrage an Sie richten.

Vorsicht bei zu entspannten Sitzhaltungen

Dennoch müssen Sie auch bei einer entspannten Sitzhaltung Ihres Gesprächspartners aufpassen: Dies ist nicht immer mit Konzentration gleichzusetzen. Entspannt aussehende Sitzhaltungen, wie das Liegen im Stuhl, können auch bedeuten, dass jemand sich aus dem Gespräch verabschiedet und abgeschaltet hat. Lümmelt sich jemand demonstrativ im Stuhl, wird er die Situation und Ihre Gesprächsbeiträge wohl nicht sonderlich ernst nehmen.

Hebt jemand im Gespräch kurz das Gesäß an, um sich anschließend betont gerade hinzusetzen, baut er Körperspannung auf. Er möchte deutlich machen, dass die Diskussion oder die Entscheidung ab jetzt vorangetrieben werden sollte. Beispielsweise wenn der Small Talk beendet und in die eigentlichen Verhandlungen eingestiegen werden soll.

Wie sitzen Sie?

Übung

Beobachten Sie sich selbst. Sitzen Sie wirklich entspannt, wenn Sie sich entspannt fühlen? Schränken Sie im Sitzen unnötig Ihre Bewegungsfreiheit ein? Ist es schon einmal passiert, dass Ihnen im Gespräch ein Bein eingeschlafen ist? Wie oft verändern Sie in Gesprächen Ihre Sitzhaltung? Können Sie verspannte Haltungen wieder auflösen?

Wenn Sie sich über Ihre Sitzhaltungen Klarheit verschafft haben, sollten Sie versuchen, Ihre Sitzposition in Gesprächen des Öfteren ruhig, aber bewusst zu verändern. Schlagen Sie die Beine übereinander, stellen Sie nach einiger Zeit aber wieder beide Fußsohlen auf den Boden. Lehnen Sie sich vor und lassen Sie dabei Ihre Unterarme auf den Oberschenkeln aufliegen. Richten Sie sich dann aber auch wieder auf und rücken Sie mit Gesäß und Rücken dicht an die Stuhllehne. Ändern Sie auch Ihre Ausrichtung: Je nachdem, welches Bein Sie überschlagen, werden Sie sich entweder nach links oder nach rechts ausrichten. Richten Sie sich im Gespräch immer wieder auf. Strecken Sie den Brustkorb heraus und ziehen Sie die Schultern zurück.

Beobachten Sie dabei die Reaktionen Ihres Gesprächpartners und versuchen Sie, atmosphärische Veränderungen des Gesprächsverlaufs – sowohl von Ihnen als auch von Ihrem Gegenüber ausgehend – zu registrieren.

Stehen

Unsere Standhaltung sagt viel über unsere momentane Befindlichkeit aus, aber auch darüber, wie wir zu jemandem stehen. Nur die allerwenigsten Menschen erfreuen mit ihrer Haltung den geschulten Blick des Orthopäden. Selten wird bewusst Spannung aufgebaut, um Kopf, Hals, Schultern und Becken in einer Linie zu halten. Bei einem »festen Standpunkt« ist das Körpergewicht gleichmäßig auf Fußballen und Ferse verteilt.

Die meisten Menschen sind ständig etwas aus dem Gleichgewicht. Wer beispielsweise das Kinn in die Höhe reckt und den Brustkorb herausstreckt, kippt immer etwas nach vorne und verlagert dann das Gewicht auf die Fußballen. Bei dieser Haltung ist die Neigung groß, auf den Fußspitzen zu wippen, wenn man mit anderen redet. Diese Form der Selbsterhöhung wirkt auf Mitmenschen meistens überheblich. Sie ruft gelegentlich den schadenfrohen Wunsch hervor, diese Person einmal »auf die Nase fallen« zu sehen.

Wo ist mein inneres Gleichgewicht?

Menschen, die ihre Schultern nach vorne fallen lassen, einen runden Rücken machen und die Knie leicht beugen, sacken förmlich in sich zusammen und geraten dadurch schnell in Rücklage. Bei ihnen liegt das Gewicht mehr auf der Ferse. Sie wirken so, als wüden sie gleich nach hinten überkippen. Dadurch wirken sie unsicher und verleiten andere Menschen dazu, sie mit kurzen Angriffsimpulsen endgültig aus dem Gleichgewicht zu bringen.

Auch das Stehen auf den Außenkanten der Füße lässt Unsicherheit vermuten. Die mangelnde Bodenhaftung legt nahe, dass ein fester Standpunkt fehlt. Häufig zu beobachten ist auch die Verlagerung des Gewichts auf ein Bein. Die durchgehende Einnahme einer seitlichen Schieflage lässt auf eine einseitige Ausrichtung schließen. Die Person wirkt unbeweglich und wenig daran interessiert, sich mit einer anderen Sicht der Dinge als ihrer eigenen auseinander zu setzen.

Unsicherheit bei mangelnder Bodenhaftung

Anders verhält es sich, wenn jemand bewusst Stand- und Spielbein einsetzt. In diesem Fall trägt ebenfalls ein Bein die Hauptlast des Gewichtes, das andere wird in leichter Schrittstellung aufgesetzt. Anders als bei der seitlichen Schieflage werden Stand- und Spielbein aber häufig gewechselt. Die Person kann sich schnell neu orientieren, sich auf andere Sichtweisen einstellen und bleibt in ihren Reaktionen flexibel.

Stehen beide Beine parallel und wird ständig von einem Fuß auf den anderen getreten, fühlt sich die Person eher unwohl und möchte sich nicht festlegen lassen. Dieselbe Deutung gilt, wenn Menschen ein Pendeln des Oberkörpers um die Längsachse zeigen. Auch in diesem Fall erscheint die Person unentschlossen.

Auch die Haltung in Bezug auf andere ist aussagekräftig. Bestimmt haben Sie schon die Erfahrung gemacht, dass ein frontales Gegenübertreten von Unbekannten schnell bedrohlich wirkt. Im Unterschied zum Gegenübersitzen an einem Tisch fehlt hier eine Barriere, und es entsteht schnell eine Konfrontation. Der Fluchtweg ist versperrt. Einer der Gesprächspartner muss ausweichen, um der Situation die Schärfe zu nehmen.

Frontale oder seitliche Annäherung?

Im Gegensatz zum frontalen Gegenübertreten baut eine Annäherung von der Seite nicht so viel Spannung auf. Sie gibt dem Gegenüber Gelegenheit, mit einer Kopfwendung zu überprüfen, wer sich nähert. Ist man bereit, sich auf ein Gespräch einzulassen, wird der Körper dem Kopf folgen. Sobald Sie sehen, dass man Ihnen Nase und Nabel zuwendet, wissen Sie, dass ernsthafte Gesprächsbereitschaft besteht.

Wer sich Ihnen mit breit gespreizten Beinen gegenüberstellt, wirkt so, als ob er nicht bereit ist, auch nur eine Hand breit von seiner Meinung abzurücken. Werden bei dieser Haltung auch noch die Hände hinter dem Rücken verschränkt, bleiben die Gesprächsabsichten Ihres Gegenübers undurchsichtig. Er bietet Ihnen zwar Brust und Bauch ungeschützt dar, aber Sie wissen nicht, ob er hinter seinem Rücken »einen Angriff« vorbereitet.

Inneres und äußeres Aufplustern

Häufig sieht man, dass Menschen ihre Hände in die Hüften stemmen. Auf diese Weise versuchen sie, sich größer zu machen, als sie sind, um sich mehr Eindruck zu verschaffen. Das Aufplustern ist auch im Tierreich zu beobachten: Eine imposantere Erscheinung soll Wirkung hinterlassen. Bei Menschen ist diese Haltung häufig zu sehen, wenn sie ihren Willen durchsetzen wollen oder sich nicht genügend berücksichtigt fühlen.

Wer sich ständig festhält, signalisiert Ängstlichkeit

Einigen Menschen scheint es ein Bedürfnis zu sein, sich dauernd irgendwo festzuhalten, beispielsweise an Tischkanten, Stuhllehnen oder Rednerpulten. Sie suchen eine Art Ankerplatz in der rauen See der Kommunikation, um nicht von vorherrschenden Strömungen abgetrieben zu werden. Ihre Bereitschaft, anderen die Stirn zu bieten, ist wahrscheinlich nicht sehr ausgeprägt. Eine gewisse Ängstlichkeit führt dazu, dass man festen Halt lieber durch Festhalten erzielen will. Halt suchende Menschen verschanzen sich auch gerne hinter Titeln oder ihrem Status in der Hierarchie. Sie betreiben Meinungsbildung weniger als offene Auseinandersetzung, sondern eher als Vortrag angeblich unumstößlicher Fakten.

Anlehnungsbedürftige Menschen nehmen gerne die unbeteiligte Beobachterposition ein. Wer sich gegen die Wand oder eine Säule lehnt, versucht sich dem Geschehen zu entziehen. Er möchte sich tarnen. Am liebsten würde er einem Chamäleon gleich die Farbe der Wand annehmen, um nicht aufzufallen. Diese Menschen müssen Sie erst aus der Reserve locken, bevor Sie sich ernsthaft mit ihnen auseinander setzen können.

Anlehnungsbedürftige Menschen nehmen nur ungern eine exponierte Position ein

Man muss sich nicht immer auf das Niveau seines Gegenübers begeben. Wenn Sie körpersprachlich ein Autoritätsgefälle herstellen wollen, können Sie Größenunterschiede nutzen. Es geht hier nicht um unterschiedliche Körpergrößen, sondern darum, dass Sie stehen bleiben können, wenn Sie mit einem sitzenden Gesprächspartner reden. Wenn Sie etwas weiter von Ihren Zuhörern entfernt sind, wie zum Beispiel bei einer Schulung oder in einem Seminar, wird durch die stehende Haltung des Referenten gegenüber den sitzenden Teilnehmern deutlich gemacht, wer die Leitungsfunktion hat. Dies führt üblicherweise nicht zu Kommunikationsproblemen.

Sie können Größenunterschiede nutzen

Entspannte Atmosphäre durch die gleiche Ebene

Anders sieht es aus, wenn Sie nah neben jemandem stehen, der sitzt. Geben Sie »von oben herab« Anweisungen, müssen Sie mit Widerstand rechnen. Auch wenn Sie sich herabbeugen, um auf gleiche Augenhöhe zu kommen, herrscht noch keine Gleichheit: Ihr Gesprächspartner wird sich unter Druck gesetzt fühlen. Wollen Sie eine entspannte Situation herbeiführen, beispielsweise in einem Kundengespräch, müssen Sie Ihre Hüfte absenken, um Ihrem Gegenüber mit geradem Oberkörper in die Augen sehen zu können. Am einfachsten ist es natürlich, Sie setzen sich ebenfalls hin. Sie können sich aber auch hinhocken oder etwas in die Knie gehen. Den Kniefall sollten Sie sich aber nur für besonders romantische Stunden aufheben. Im Geschäftsleben werden Ihre Gesprächspartner hoffentlich nicht verlangen, von Ihnen angebetet zu werden.

In der nachfolgenden Übung werden Sie lernen, eine Grundhaltung einzunehmen, die standfest und sicher wirkt. In diese Haltung sollten Sie immer wieder zurückkehren, wenn Sie spüren, dass Sie unsicher werden oder ungünstige Positionen einnehmen.

Erhöhen Sie Ihre Standfestigkeit

Übung

Erarbeiten Sie sich einen Bezugsrahmen für einen sicheren Stand. Wenn Sie sich die idealtypische Haltung vergegenwärtigen, werden Sie Fehlhaltungen leichter erkennen können. Lernen Sie, welche Körperspannung Sie für einen festen Stand aufbauen müssen.

Stellen Sie sich ohne Schuhe aufrecht hin. Die Füße positionieren Sie in Hüftbreite mit ungefähr einer Handbreit Raum zwischen den Knöcheln. Die Fußspitzen zeigen ganz leicht nach außen. Spüren Sie Ihrem Gleichgewicht nach: Neigen Sie eher dazu, nach vorne oder nach hinten zu kippen? Achten Sie auch auf Ihre am Körper herabhängenden Arme. Bei den meisten Menschen werden sich die Hände jetzt vor den Oberschenkeln befinden. Bringen Sie nun die Arme auf eine Linie mit einer gedachten Hosennaht. Nehmen Sie die Schultern zurück, bis zumindest der kleine Finger mittig am Oberschenkel anliegt.

Ihre Brust wird sich durch das Zurückziehen der Schultern vorwölben. Nehmen Sie nun Ihren Kopf etwas zurück, aber nur so weit, dass sich keine Spannung im Hals aufbaut. Sie sollten kein Doppelkinn bilden. Um zu verhindern, dass das Becken zu weit nach hinten kippt und Sie in ein Hohlkreuz geraten, spannen Sie die Gesäßmuskulatur und die Bauchmuskeln kräftig an. Verteilen Sie Ihr Körpergewicht gleichmäßig auf Fußballen und Ferse.

Sie stehen jetzt in der so genannten Ballettgrundhaltung. Es ist durchaus anstrengend, diese Position längere Zeit zu halten. Spüren Sie intensiv dem Anspannungsgrad der einzelnen Muskelgruppen nach. In Zukunft werden Sie es viel eher merken, wenn Ihre Körperhaltung aus dem Ruder läuft. Die standfeste Grundhaltung ist für Sie ein sicherer Ankerplatz.

Versuchen Sie, in diese Haltung zurückzukehren, wenn Sie merken, dass Sie unsicher werden und dabei sind, in sich zusammenzusacken, oder wenn Sie das Bedürfnis verspüren, sich anzulehnen oder festzuhalten.

Kopfhaltungen

An der Kopfhaltung lassen sich viele körpersprachliche Hinweise ablesen. Wenn Sie mit einer Person sprechen, sind Kopf, Hals und auch die Schultern eigentlich ständig in Ihrem Blickfeld. Sie müssen Ihre Aufmerksamkeit nicht besonders ausrichten, um Signale wahrzunehmen.

Siegesgewiss oder überheblich?

Ein hoch erhobener Kopf lässt Siegesgewissheit oder Überheblichkeit vermuten. Diese Person ist sich ihrer Sache sicher, sie legt den empfindlichen Hals frei, da sie keine Gegenwehr vermutet.

Hängt der Kopf bei gesenktem Blick ohne Spannung in der Nackenmuskulatur mit dem Kinn auf der Brust, liegt der Schluss nahe, dass jemand aufgegeben hat und sich in sein Schicksal fügt. Wird der Kopf mit angespannter Nackenmuskulatur stark nach vorne geneigt, soll das Kinn ebenfalls den Adamsapfel schützen. Hier ist jemand nicht bereit aufzugeben. Der Blick fixiert den anderen und dem Gegner wird die Stirn geboten. Im Gespräch hat wahrscheinlich ein Aspekt Ablehnung hervorgerufen. Der Herausgeforderte fühlt sich bemüßigt, dagegen anzugehen.

Auch hochgezogene Schultern sollen den Hals, diesmal die empfindlichen Halsschlagadern, schützen. Wer die Schultern hochzieht, weiß momentan nicht weiter. Werden die Schultern nicht abwechselnd hochgezogen und fallen gelassen, sondern bleiben über einen längeren Zeitraum hochgezogen, fühlt sich die Person sehr unsicher und hat begonnen, sich einzuigeln.

So signalisieren Sie Vertrauen und Zuneigung

Wird der Kopf schräg gehalten, traut man dem Gegenüber keine Bosheiten zu. Das Bloßlegen der Halsschlagader signalisiert Vertrauen und Zuneigung. Wenn der Kopf seitlich von Schulter zu Schulter geschwenkt wird, ist man sich noch nicht über Zustimmung oder Ablehnung sicher. Es wird noch abgewogen, wie man weiter vorgehen soll.

Ein Rückzug ohne die Bereitschaft, die eigene Position aufzugeben, deutet sich an, wenn der Kopf nach hinten eingerückt wird. Es ist dann deutlich ein Doppelkinn zu sehen, der Blick wirkt erstaunt oder skeptisch. Ihrem Gegenüber passt gerade etwas überhaupt nicht, er ist aber nicht bereit, klein beizugeben, und bleibt deswegen an seinem Platz stehen.

Die Blickrichtung zeigt an, wohin die Aufmerksamkeit gerichtet ist. Dreht man im Gespräch den Kopf von Ihnen weg, konzentriert sich Ihr Gegenüber gerade auf andere Dinge. Dies muss keine Abwendung von Ihnen oder dem Gespräch bedeuten. Vielleicht hängt Ihr Gegenüber gerade einem Gedanken nach, den er vor seinem inneren Auge passieren lässt, und versucht, sich ein eigenes Bild zu machen. Aber auch wenn er weiter zuhört, wird die Aufmerksamkeit für Ihre Wortäußerungen stark eingeschränkt sein.

Was das Kopfnicken im Gespräch bedeuten kann

Nickt Ihr Gegenüber im Gespräch mit dem Kopf, ist dies nicht zwangsläufig als zustimmendes Nicken zu deuten. Das Nicken im Gespräch ist eher eine Aufforderungsgeste, die den Gesprächspartner zum Weitermachen animieren soll. Es ist damit noch nicht gesagt, dass Ihre Äußerungen begeisterte Zustimmung finden. Man räumt Ihnen hauptsächlich Platz für die Darstellung Ihrer Meinung ein. Vielleicht möchte Ihr Gegenüber einfach höflich sein, hört in Wirklichkeit aber nur »mit einem Ohr« zu.

Kopfschütteln als eindeutige Geste

Das Kopfschütteln ist eindeutiger: Ihre Meinung trifft auf Widerstand. Seinen Ursprung hat das Kopfschütteln in der Warnung vor ungeeigneter Nahrung. Ein unangenehmer Geschmack veranlasst dazu, den Kopf hin und her zu schütteln, um anderen Anwesenden zu zeigen, dass die aufgenommene Essprobe ungenießbar ist. Auch Argumente, die man nicht schlucken mag, und Ansichten, die einen bitteren Nachgeschmack hinterlassen, rufen Kopfschütteln hervor. Man ist nicht bereit, »die bittere Pille zu schlucken«.

Gehen

Wie jemand sich bewegt, lässt auch gewisse Rückschlüsse darauf zu, wie er an Aufgaben »herangeht« und wie groß seine Bereitschaft ist, auf andere »zuzugehen«. Möchte jemand mit Ihnen oder einer Situation lieber nicht konfrontiert werden, wird er versuchen, sich um sie »herumzudrücken«. Bereits bei der Begrüßung wird er nicht auf direktem Wege auf Sie zugehen, sondern Ausweichbewegungen machen und nur mit kleinen Schritten auf Sie zukommen.

Zögerliches, ausweichendes Gehen

Anders sieht es aus, wenn Ihnen jemand beschwingt und mit großen Schritten in einer aufrechten Körperhaltung entgegenkommt. Dies vermittelt Tatkraft und lässt darauf schließen, dass Probleme unumwunden angegangen werden sollen.

Geht jemand mit eingezogenem Brustkorb und nach vorn gezogenen Schultern, scheint er bedrückt zu sein. Schwierigkeiten lasten auf ihm. Der Druck seiner Umgebung macht es ihm schwer, richtig durchzuatmen. Ihm fehlt die Kraft, sich durchzusetzen.

Verklemmte Ge(h)danken

Übung

Die Art und Weise, wie Sie gehen, hat einen Einfluss auf Ihre Befindlichkeit. Machen Sie die Probe aufs Exempel. Erfahren Sie am eigenen Leib, wie Sie sich bei einem bestimmten Gang fühlen.

Stellen Sie sich gerade hin und versteifen Sie Ihren Körper. Den Kopf ziehen Sie ein, sodass Sie ein Doppelkinn bilden. Die Schultern drehen Sie etwas nach vorne, sodass gleichzeitig Ihre am Körper hängenden Arme mit den Handrücken nach vorne zeigen. Spannen Sie die Gesäßmuskeln an, drücken Sie die Knie durch. Jetzt gehen Sie einmal durch den Raum, indem Sie sich bei ganz kleinen Schritten hauptsächlich durch das Abrollen des Fußes fortbewegen. Die Knie bleiben weiterhin durchgedrückt.

Registrieren Sie Ihre Empfindungen. Sie werden feststellen, dass Sie sich unwohl, verspannt und verklemmt fühlen und sich mit starrem Blick auf einen bestimmten Punkt zubewegen. Eine Abschottung gegen Ihre Umwelt hat stattgefunden. Sie gehen stur geradeaus und sehen weder nach rechts noch nach links. Es wird Ihnen schwer fallen, Ihren Kurs kurzfristig zu ändern. Flexible Reaktionen auf Hindernisse werden deutlich erschwert.

Revierverhalten

Tabubereiche erkennen und respektieren

Beim Revierverhalten geht es darum, sich eine Einflusssphäre zu sichern und unbefugtes Eindringen abzuwehren. Menschen reagieren gereizt, wenn ihnen jemand »zu nah auf die Pelle rückt«, »in die Quere kommt« oder »die eigenen Kreise stört«. Dann versuchen Sie, ihn »sich vom Leib zu halten«, um wieder »Herr im eigenen Haus zu werden«. Je nach gesellschaftlichem oder beruflichem Status kann diese Zone unterschiedlich groß ausfallen. Sie müssen Tabubereiche kennen und respektieren, um die Kommunikation nicht empfindlich zu stören.

Um mit Menschen in Kontakt kommen zu können, müssen Sie unabhängig von dem Revier, das jemand beansprucht, bestimmte Distanzzonen beachten. Die unterschiedlichen Distanzen in der Annäherung dienen dazu, sich ein Bild von Ihren Absichten machen zu können. Ein zu schnelles Heranrücken an eine Person lässt diese sonst einen Angriff vermuten.

Revierverletzungen

Im Berufsleben ist das Revier von Menschen meistens recht eindeutig zu erkennen. Als unmittelbare Einflusssphäre, über die ein Mitarbeiter bestimmt, ist sein Arbeitsplatz anzusehen. Bei einem Besuch bei ihrem Chef verhalten sich die meisten Mitarbeiter vorsichtig: Sie rücken nur langsam vor und warten auf die Erlaubnis zum Eintritt in das Zimmer, zum Herantreten an den Schreibtisch und zum Hinsetzen. Nur besonders »forsche« Berufseinsteiger erliegen manchmal der Versuchung, Gegenstände auf dem Schreibtisch des Chefs zu berühren oder gar wegzunehmen. Damit räubern sie im Revier ihres Vorgesetzten. Ein Gegenangriff wird nicht lange auf sich warten lassen, und das Verhältniss zueinander kann stark eingetrübt werden.

Vorsichtige Annäherung an den Schreibtisch des Chefs

Bei Mitarbeitern und Kollegen lassen die meisten Menschen weniger Vorsicht walten. Sie beugen sich über den Schreibtisch der Kollegin, um einen Stift zu angeln, oder greifen zu den Süßigkeiten neben dem Computer eines Mitarbeiters. Nur bei großer Vertrautheit wird man ihnen diese Revierverletzung durchgehen lassen. Ansonsten sind Machtkämpfe die Folge. Problematisch ist, dass diese Machtkämpfe oft nicht unmittelbar im Anschluss an die Revierverletzung ausgetragen werden. Sie können zu einem Zeitpunkt auftreten, der die ehemaligen Eindringlinge völlig überrascht.

Auch abseits vom eigenen Arbeitsplatz bilden sich in Unternehmen Tabubereiche heraus, in denen Mitarbeiter ihre Kollegen nicht dulden. Am besten bekannt ist dieses Phänomen aus Konferenzen und Sitzungen, in denen sich eine ganz bestimmte Sitzordnung herausgebildet hat. Wer sich auf den Stuhl des Projektleiters oder in den Sessel der Vorstandsvorsitzenden setzt, beschwört einen Gegenangriff herauf. Beim gemeinsamen Mittagessen einer Abteilung verhält es sich mit der Sitzordnung ähnlich. Neue Kollegen sollten lieber warten, bis sich alle hingesetzt haben, und sich dann unter den freien Plätzen entscheiden. Wer sich als Neuling auf den angestammten Platz eines langjährigen Mitarbeiters setzt, beschwört einen unterschwelligen Konflikt herauf.

Die Sitzordnung bei Konferenzen

Einige Menschen ziehen sich den Unmut ihrer Umgebung zu, indem sie persönliche Dinge überall herumliegen lassen. Sie vermitteln ihrem Umfeld damit, dass sie ihr Revier ausweiten möchten. Die von ihnen gesetzten »Duftmarken« werden anderen das Gefühl vermitteln, ausgegrenzt zu werden. In einer offenen oder verdeckten Auseinandersetzung wird dann versucht, die alten Reviergrenzen wieder herzustellen.

So wird der Wunsch vermittelt, das Revier auszuweiten

Stoßen Sie als neues Mitglied zu einer Gruppe und niemand vermittelt Ihnen die tradierten Reviergrenzen, müssen Sie sich Ihren Platz erkämpfen. Sie selbst sollten bei neuen Kontakten Orientierungshilfen geben, wenn das erste Treffen in Ihren Räumlichkeiten stattfindet. Sonst fühlt sich Ihr Gegenüber bemüßigt, sich ein eigenes Revier zu erkämpfen. Das wird bei ihm je nach Typ entweder zu einer Konfrontationshaltung oder starker Unsicherheit führen. Sie riskieren eine Eintrübung der Gesprächsatmosphäre.

Besuchen Sie einen Kunden, befinden Sie sich in jedem Fall auf fremdem Gebiet. Hier kann es schnell zu Revierverletzungen kommen. Dies beginnt schon, wenn Sie sich bei der Anmeldung weit über den Tresen legen und in das Revier der Empfangsdame eindringen. Weiter geht es, wenn Sie nicht auf eine Aufforderung warten, sondern schnurstracks in ein Büro gehen. Stellen Sie Ihre Aktentasche auf den Besprechungstisch, haben Sie eine ernsthafte Revierverletzung begangen. Verstreuen Sie dann noch Informationsmaterial über den ganzen Tisch, wird Ihr Gesprächspartner nicht mehr zuhören, sondern nur noch überlegen, wie er Sie schnell wieder los wird.

Respektieren Sie das Revier des Kunden

Handelt es sich um einen besonders geduldigen Kunden, kann es sein, dass er zur Alternativreaktion bei Revierverletzungen greift: Er wird nicht die Konfrontation suchen, sondern Sie als »Unperson« definieren. Dies erlaubt ihm, nicht handeln zu müssen, er wird Ihnen allerdings auch keinerlei Aufmerksamkeit mehr entgegenbringen. Das Phänomen der Unperson kennen Sie höchstwahrscheinlich aus Bussen und Bahnen. Wenn man sich in öffentlichen Verkehrsmitteln auf einen Platz setzen möchte, der mit einem Rucksack oder einer Tasche als besetztes Revier markiert ist. Wahrscheinlich wird man Ihnen den Platz nach einer mehr oder weniger eindringlichen Aufforderung frei räumen, Sie dafür aber mit Missachtung strafen. Ihrem Blickkontakt wird dann demonstrativ ausgewichen, vielleicht wird der erfolglose Platzbesetzer sogar eine Zeitschrift als Barriere aufbauen.

Beobachten Sie Reaktionen auf Revierverletzungen

Mit der nachfolgenden Übung schlagen wir Ihnen einen Test des Revierverhaltens vor. Sie sollen absichtlich Revierverletzungen begehen, um anhand der Reaktionen beobachten zu können, wie Menschen diese Eingriffe in ihre Sphären bewältigen.

Die Invasion

Übung

Lernen Sie, Reaktionen auf Revierverletzungen zu beachten. Begehen Sie einmal mit Absicht Revierverletzungen, um zu sehen, was passiert.

Die Übung sollten Sie mit jemandem durchführen, zu dem Sie ein freundschaftliches Verhältnis haben, mit dem Sie aber nicht besonders eng vertraut sind. Ein gutes Verhältnis ist notwendig, damit Sie die ausgelösten Effekte in einem anschließenden Gespräch wieder relativieren können. Bei einem zu engen Verhältnis sind die Reaktionen auf Revierverletzungen nicht eindeutig genug.

Wenn Sie das nächste Mal mit Ihrer »Versuchsperson« am Tisch sitzen, egal ob in der Kantine oder auch während einer Stippvisite an ihrem Arbeitsplatz, werden Sie in das fremde Revier eindringen.

Beim Schreibtisch ist es recht einfach, dieser gehört ganz zum Revier Ihres Gegenübers. Fangen Sie an, Gegenstände auf dem Tisch zu verschieben, Unterlagen durchzublättern oder den Computermonitor herumzudrehen. Beobachten Sie dabei Ihre Versuchsperson. Werden Zeichen der Verstimmung sichtbar, brechen Sie den Versuch ab und erklären, was Sie mit Ihrem Verhalten beabsichtigt haben.

In der Kantine sind Revierverletzungen nicht ganz so einfach, dafür aber harmloser in den ausgelösten Reaktionen. Menschen begreifen bei Zusammenkünften nur einen Teil des Tisches als eigenes Revier. Sitzen Sie zu zweit am Tisch, wird es üblicherweise der halbe Tisch sein, bei drei Personen ein Drittel und so weiter. Verschieben Sie Ihren Teller, eine auf dem Tisch stehende Vase oder den Aschenbecher in das Revier Ihrer Versuchsperson. Registrieren Sie aufmerksam, welche Änderungen in der Mimik, Gestik und Haltung sich ergeben. Klären Sie nach dem Versuch darüber auf, welche Absichten Sie hatten, und betonen Sie den Experimentcharakter.

Distanzzonen

Menschen erwarten, dass bei einem persönlichen Kontakt gewisse Mindestabstände zu ihnen eingehalten werden. Dieser eingeforderte Mindestabstand ist abhängig davon, wie vertraut Menschen miteinander sind, aber auch, in welchem Kulturkreis sie aufgewachsen sind.

Halten Sie den Mindestabstand ein

Nicht nur ein Mindestabstand, sondern auch eine Mindestnähe muss bei der zwischenmenschlichen Kommunikation beachtet werden. Aus zu großer Entfernung lässt sich kein persönlicher Kontakt aufbauen, denn bei einer zu großen Distanz können körpersprachliche Signale nur noch eingeschränkt wahrgenommen werden. Das feine Mienenspiel, geringfügige

Veränderungen in der Haltung und grazile Gesten können dann nicht mehr analysiert werden. Die Absichten eines zu weit entfernten Menschen bleiben im Dunkeln. Normalerweise werden wir einer Kontaktaufnahme über größere Distanz reserviert gegenüberstehen. Nur wenn wir einen vertrauten Menschen in der Ferne erblicken, sind wir bereit, seinen ausladenden Gesten Aufmerksamkeit zu schenken und uns ihm zu nähern.

Kontaktaufnahme aus großer Entfernung

Versuchen wir einen Kontakt aus zu großer Entfernung aufzubauen, riskieren wir, dass uns der Angesprochene mit Absicht übersieht. Es besteht für ihn keine Notwendigkeit, auf uns einzugehen, da wir ihn nicht gezielt ansprechen können und nur allgemeine Aufmerksamkeitsgesten wie Winken verwenden können. Der von uns Angesprochene kann immer vorgeben, dass ihm nicht klar war, ob unsere Gestik ihm galt.

In die Wahrnehmungsdistanz vordringen

Um einen ersten Kontakt herstellen zu können, müssen Sie in die Wahrnehmungsdistanz Ihres Gegenübers gelangen. Das heißt, Sie müssen sich ihm auf weniger als ungefähr sechs Meter nähern. Die Wahrnehmungsdistanz erstreckt sich von etwa zwei bis sechs Meter um eine Person herum. In dieser Zone finden oberflächliche soziale Kontakte statt, für ernsthafte Gespräche ist diese Distanz zu groß. Typisch für Kontakte in der Wahrnehmungsdistanz sind ritualisierte Handlungen, beispielsweise das Zuwinken in der Kantine oder auf dem Parkplatz, kombiniert mit dem Austausch von Höflichkeitsfloskeln.

Ein intensiver Informationsaustausch gelingt nur dann, wenn Sie sich in der Kontaktzone befinden. Diese Kontaktzone beginnt bei zirka zwei Metern Abstand zu einem Menschen und endet bei zirka 80 Zentimetern. In dieser Zone werden üblicherweise Gespräche geführt. Körpersprachliche Signale sind hier unmittelbar wahrzunehmen. Beraten Sie einen Kunden, sprechen Sie mit einem Kollegen oder erklären Sie einem Mitarbeiter eine Aufgabe, geschieht dies immer innerhalb in der Kontaktzone.

In unserem Verhalten gibt es noch archaische Muster: Beispielsweise achten wir darauf, dass wir uns Fluchtmöglichkeiten offen halten und nicht durch einen plötzlichen Angriff überrascht werden können. Daher versuchen wir stets, einen Mindestabstand zu unseren Gesprächspartnern zu wahren. Der Maßstab ist dabei, dass wir uns jemanden zur Not mit ausgestrecktem Arm »vom Leibe halten« können. Ein näheres Heranrücken als auf Armlänge wird schnell als Bedrohung, zumindest aber als unangenehm empfunden. Die Armlänge Abstand definiert die Intimsphäre. Ein Abstand von 60 bis 80 Zentimetern um eine Person herum ist ihre Schutzzone.

Nähern Sie sich dem Gesprächspartner nur auf Armeslänge

Ein Eindringen in diese Schutzzone wird nur Menschen gestattet, mit denen man vertraut ist. Gute Bekannte legen sich im Gespäch schon mal die Hand auf die Schulter oder berühren sich am Oberarm. In geschäftlichen Beziehungen sollten Sie mehr Zurückhaltung walten lassen. Rücken Sie nicht zu nah an Gesprächspartner heran, Sie gefährden sonst einen reibungslosen Ablauf des Gespräches. Kommunikationsprozesse werden empfindlich gestört, wenn Sie sich zu kumpelhaft verhalten.

In öffentlichen Situationen, in denen die Intimsphäre nicht gewahrt werden kann, findet eine Umdeutung der anderen Anwesenden von Individuen zu Unpersonen statt. Sie werden dann wie Luft behandelt. In überfüllten Bussen oder im Fahrstuhl registriert man zwar unangenehm die unmittelbare Nähe anderer Personen. Das Eindringen in die Intimsphäre wird hier aber nicht als Angriff gewertet, da man den anderen einen auf sich gerichteten Handlungsimpuls abspricht. In diesen Situationen wird ein Eindringen in die Intimsphäre nicht als Bedrohung verstanden. Allerdings gibt es auch hier Grenzen: Werden wir im Gedränge angerempelt oder womöglich betatscht, empfinden wir dies als Missachtung unserer persönlichen Integrität und werden mit deutlichem Unmut oder einem Gegenangriff reagieren.

Schutz vor unangenehmer Nähe in überfüllten Räumen

Damit die Intimsphäre auch dann gewahrt bleiben kann, wenn sehr oft ein Kontakt zu Fremden aus nächster Nähe hergestellt werden muss, werden üblicherweise Sicherheitsstopps eingerichtet: Kartenverkäufer sitzen in einem Kartenhäuschen, Flugtickets bekommen Sie über einen Schalter gereicht und in Apotheken verkauft man Ihnen das gewünschte Medikament über den Tresen. So bleibt trotz nächster Nähe eine Schutz bietende Barriere zwischen den Geschäftspartnern bestehen.

Barrieren sichern die Intimsphäre

Distanzlosigkeit ist in geschäftlichen Beziehungen ein stark belastender Faktor. Geschäftspartner reagieren sehr ungehalten, wenn man ihnen zu nah auf die Pelle rückt. Müssen Sie nahe an Ihr Gegenüber herantreten, um beispielsweise etwas zu überreichen oder ihn mit einem Handschlag zu begrüßen, sollten Sie danach wieder einen Schritt zurücktreten. Verharren Sie nicht in seiner Intimsphäre, räumen Sie sie wieder und nehmen Sie eine angemessene Distanz ein. Denken Sie immer an die Armlänge Abstand.

Es ist eine Kunst, sich im Gespräch so viel Vertrauen zu erarbeiten, dass vom Gesprächspartner Distanzverletzungen in einem gewissen Maße toleriert werden. Dies gelingt Ihnen jedoch nicht, wenn Sie mit unkontrollierten Körpersignalen die Beziehungsebene trüben und Abwehrgesten und Missfallenskundgebungen Ihres Gegenübers nicht als solche identifizieren können.

Um Positionen »anzunähern«, bietet es sich auch in Geschäftskontakten ab und zu an, den Abstand zum Gesprächspartner bewusst zu verringern. Achten Sie dabei aber stets auf die körpersprachlichen Signale, die Ihnen vermitteln, ob Ihre Nähe toleriert oder abgelehnt wird. Das Wechselspiel zwischen Nähe und Distanz kann für besonderes Interesse an Ihnen und Ihren Angeboten sorgen. Es bleibt aber immer eine Gratwanderung, die volle Konzentration auf die Reaktionen Ihres Gesprächspartners von Ihnen erfordert.

Achten Sie stets auf körpersprachliche Signale

Auch zum Aspekt Distanzzonen möchten wir Ihnen eine Übung vorschlagen. Probieren Sie aus, wie sich Verletzungen der Schutzzone auf Menschen auswirken. Registrieren Sie dabei die Reaktionen der Menschen, deren Intimsphäre Sie hierbei antasten.

Störende Nähe

In geschäftlichen Situationen sollten Sie lieber keine Distanzverletzungen zu Übungszwecken begehen. Da in bestimmten öffentlichen Situationen Distanzverletzungen toleriert werden, wie bei Konzerten oder beim Schlangestehen, sollten Sie sich eine Gelegenheit suchen, bei der Sie mit Reaktionen zu großer Nähe rechnen können, dabei aber keine persönlichen Kontakte eintrüben.

Gut geeignet für diese Übung sind Bekleidungsgeschäfte und Kaufhäuser. Gehen Sie zuerst ein bisschen herum und treten Sie dann nah an eine Person heran, die gerade einen Bekleidungsständer durchsucht.

Schnell werden Sie die typischen Reaktionen auf zu wenig Distanz kennen lernen: Dringen Sie in die Intimsphäre ein, wird Ihre Testperson zurückweichen, bis eine ausreichende Distanz wiederhergestellt ist. Oder sie wird mit Angriffssignalen versuchen, ihre Intimsphäre zu sichern. Vielleicht geht die Person auch verbal und körpersprachlich zum Angriff über. Wenn Sie ein »Was soll denn das?« hören, werden Sie eine Erklärung liefern müssen, um eine Eskalation zu unterbinden. Oder Sie ergreifen Ihrerseits die Flucht und verlassen den Laden.

Stimme

Auf Lautstärke, Klang und Tempo kommt es an

Über die Stimme werden nicht nur Inhalte vermittelt. Mit der Stimme kann auch ausgedrückt werden, wie diese inhaltlichen Äußerungen zu verstehen sind. Daraus ergibt sich die Einordnung der Stimme als körpersprachliches Signal. Genauso wie Mimik, Gestik, Haltung und Distanz vermittelt ebenso die Stimme, wie Wortäußerungen zu verstehen sind. Man sagt, dass jemand »sich kein Gehör verschaffen kann«, »wie ein Wasserfall redet« oder »vor Verlegenheit stottert«. Die Stimme lässt sich unter verschiedenen Gesichtspunkten betrachten: beispielsweise hinsichtlich der Lautstärke, des Klanges, der Schnelligkeit des Sprechtempos, der Betonung von Silben, der Satzmelodie oder der Deutlichkeit der Aussprache.

Auch die Stimme ist ein körpersprachliches Signal

Der gezielte Einsatz der Stimme ist beispielsweise ein wesentlicher Bestandteil von Telefontrainings für die Mitarbeiter von Call-Centern. Sie lernen, mit einem freundlichen Tonfall in mittlerer Sprechgeschwindigkeit zu telefonieren, um den Kommunikationsfluss aufrechtzuerhalten. Denn ein schroffer und barscher Tonfall lässt Gesprächspartner schnell vermuten, dass eine Unterhaltung nicht erwünscht ist, und sie brechen dann von sich aus das Gespräch ab. Die Technik des Verharrens in einem freundlichen Tonfall und einer gleich bleibenden Sprachmelodie kann auf Dauer aber auch entnervend wirken: Es fehlt die lebendige Modulation. Aufgesetzte Freundlichkeit in der Stimme kann auch vermitteln, dass man den Gesprächspartner nicht besonders ernst nimmt.

Eine leise, leidend klingende Stimme lässt darauf schließen, dass unser Gesprächspartner nicht sonderlich daran interessiert ist, sich mit unseren Aussagen auseinander zu setzen. Es erscheint uns dann, als wolle er lieber über seine eigene Befindlichkeit mit uns reden und erwarte, dass wir auf ihn eingehen.

Abgehackter Sprachfluss signalisiert Trotz

Trotziges Verhalten drückt sich oft in einem abgehackten Sprachfluss aus. Die kurzen Statements, die abgegeben werden, scheinen alle mit einem Ausrufezeichen versehen zu sein: »Nein!«, »Ich will nicht«!, »So geht das nicht!«, »Nicht mit mir!« Der Sprecher hat sich in einer Abwehrstellung eingeigelt. Sie werden es schwer haben, Zugang zu ihm zu finden. Er wird nur reagieren, wenn Sie es schaffen, seine unmittelbaren Interessen anzusprechen.

Bei Nervosität steigt die Sprechgeschwindigkeit stark an, und manche Sätze bleiben unvollendet. Dieser Gesprächspartner kann sich dann nicht konzentrieren, ihn beschäftigen andere Dinge. Erst wenn er sich wieder beruhigt hat, wird er aufnahmebereit für Informationen sein.

Menschen, die ständig sehr schnell sprechen, legen generell wenig Wert auf Input von außen. Sie sind vollauf damit beschäftigt zu reden, für das Zuhören bleibt keine Zeit. Dies muss nicht immer auf ausgeprägte Egozentrik hinweisen. Viele Menschen reden aus Unsicherheit »ohne Punkt und Komma«, weil sie nicht wissen, wie sie auf Äußerungen anderer reagieren sollen. Sie machen im Sprachfluss nur selten Pausen: Sie schnappen kurz nach Luft und setzen dann ihren Wortschwall fort.

Die Wirkung von Gesprächspausen

In Gesprächspausen verarbeiten wir üblicherweise die Informationen, die wir gerade erhalten haben. Äußerungen nach diesen Pausen haben daher meistens einen hohen Stellenwert, auch wenn sie in einem beiläufigen Tonfall vorgebracht werden, wie beispielsweise »Ach, was mir da gerade noch einfällt ...«. Pausen verstärken die Wirkung des vorher Gesagten und werden daher von professionellen Rednern in Vorträgen gezielt eingesetzt.

Die Anhebung der Lautstärke signalisiert, dass ein Sprecher am Ende seiner Möglichkeiten angelangt ist. Ihm fallen keine anderen Gestaltungsmöglichkeiten mehr für die Situation ein, als sich mit Lautstärke in Szene zu setzen. Eine plötzliche Anhebung der Lautstärke ist immer ein Warnsignal. Es kann dann zur Eskalation kommen.

Zu leises Sprechen

Wer zu leise spricht, wird von anderen leicht überhört. Dies kann durchaus im Sinn dieses Redners sein. Man versucht, bestimmte Kommunikationsinhalte untergehen zu lassen, beispielsweise, weil einem die Antwort schwer fällt oder man nicht eindeutig Stellung beziehen möchte.

Ein Wechsel zu einer geringen Lautstärke im Gespräch kann auch darauf hinweisen, dass sich jemand besondere Aufmerksamkeit wünscht und andere dazu zwingen möchte, genau hinzuhören. Das Ganze bekommt dann oft einen verschwörerischen Unterton, so als wenn hinter vorgehaltener Hand Indiskretionen oder Geheiminformationen weitergegeben werden.

Spricht jemand besonders langsam und deutlich, mit einer ausdrücklichen Betonung jedes einzelnen Wortes, will er vermitteln, dass ihm dieser Punkt besonders wichtig ist. Es geht für ihn dann gerade um die »Essentials«, die unverhandelbaren Mindestanforderungen. Mit einem Widerspruch werden Sie an dieser Stelle im Gespräch höchstwahrscheinlich scheitern.

Hören Sie im Gespräch Laute ohne Informationsgehalt, beispielsweise ein Räuspern, Hüsteln oder Raunen, dann werden Urlaute eingesetzt. Urlaute helfen dabei, ein Gespräch in Gang zu halten. Der Gesprächspartner teilt mit, dass er dem Gespräch aufmerksam folgt. Ob die Urlaute jedoch Zustimmung oder Ablehnung signalisieren, müssen Sie aus anderen körpersprachlichen Signalen erschließen.

Übung

Anspannung oder Entspannung

Entwickeln Sie ein Gespür für den Tonfall, in dem Menschen reden. Lässt der Klang der Stimme vermuten, dass jemand gerade angespannt ist, oder deutet sein Tonfall auf eine entspannte Grundstimmung hin?

Lenken Sie das Gespräch auf unterschiedliche Themen hin, bei denen Ihre Gesprächspartner jeweils angespannter oder entspannter reagieren. Die Veränderungen im Tonfall geben Ihnen eine Rückmeldung darüber, wie sich unterschiedliche Befindlichkeiten über die Stimme ausdrücken. Dazu sollten Sie zuerst berufliche Themen ansprechen und dann zu Freizeitaktivitäten wechseln.

Fragen Sie Ihren Gesprächspartner beispielsweise zu Beginn: »Wie sieht es denn gerade bei euch in der Firma aus?« Achten Sie auf den Tonfall der Antwort. Nachdem Sie über den Beruf geredet haben, sollten Sie zu entspannteren Themen wechseln. Stellen Sie beispielsweise die Frage: »Wohin führt dich denn der nächste Urlaub?«

Legen Sie besondere Aufmerksamkeit auf die Veränderungen im Tonfall. Findet ein Wechsel von einer gepresst klingenden zu einer klaren Stimme statt? Wird die Stimmfarbe dunkler oder heller? Steigt die Sprechgeschwindigkeit? Treten in den Ausführungen mehr oder weniger Pausen auf? Ist der Sprachfluss abgehackt oder fließend? Klingen die Ausführungen eintönig und monoton, oder gibt es mehr Modulation in der Stimme und dadurch eine lebendigere Sprachmelodie?

Auf einen Blick

Die Vokabeln der Körpersprache

Im Blick

- Die körpersprachlichen Signale lassen sich in mehrere Bereiche unterteilen: die Mimik, die Gestik, die Haltung, das Revierverhalten und die Stimme.

- Die Bewegungen der Gesichtsmuskulatur machen die Mimik aus. Mit Augen, Stirn, Nase und Mund werden Einstellungen und Empfindungen ausgedrückt.
- Bei der Mimik treten oft mehrere Signale gleichzeitig auf. Besonders aussagekräftig sind die Augen und der Mund. Bewegungen der Stirn stehen beispielsweise in starker Abhängigkeit vom Augenausdruck.
- Unter Gestik sind Arm-, Hand- und Fingerbewegungen zu verstehen. Gesten lassen sich unterteilen in Aggressions-, Unsicherheits- und Kooperationsgesten.
- Auf Gesten reagieren Menschen unmittelbar, da sie nicht so leicht übersehen werden können.
- Die Haltung, die Menschen einnehmen, zeigt, wie sie zu sich selbst und anderen stehen. Zur Haltung zählen: das Sitzen, das Stehen, die Kopfhaltungen und das Gehen.
- Mit dem Revierverhalten versuchen Menschen, sich eine persönliche Einflusssphäre zu sichern. Tabubereiche müssen von Fremden respektiert werden, sonst wird dies als Revierverletzung und damit als Angriff gewertet. Dies provoziert früher oder später eine Gegenreaktion.
- Bei der Annäherung an andere Menschen müssen Sie Distanzzonen beachten. Der Mindestabstand, den Sie halten müssen, ist abhängig davon, wie vertraut Sie mit Ihrem Gesprächspartner sind.
- Über zu große Entfernung lässt sich kein persönlicher Kontakt herstellen. Der Angesprochene kann unsere Körpersignale nicht deuten. Unsere Absichten bleiben ihm unbekannt.
- Auch die Stimme gehört zu den körpersprachlichen Signalen. Lautstärke, Klang, Sprechgeschwindigkeit, Betonung, Satzmelodie und die Deutlichkeit der Aussprache geben Hinweise darauf, wie Wortäußerungen zu verstehen sind.

II

Körpersprache im Einsatz

4

Interessenten am Haken: souverän im Messegespräch

In diesem Kapitel erfahren Sie, wie der richtige Einsatz von Körpersprache Ihnen dabei hilft, Messegespräche souverän zu führen. Ihre geschärfte Beobachtungsgabe ist auf Messen besonders wichtig, um das Interesse von Besuchern zu erkennen. Der erste Eindruck, den Sie vermitteln, kann entscheidend dafür sein, ob sich potenzielle Kunden näher mit den Produkten oder Dienstleistungen Ihres Unternehmens beschäftigen möchten. Lernen Sie, gezielt den Kontakt aufzubauen, das Gespräch am Laufen zu halten und ein Interesse in eine Kaufabsicht zu verwandeln.

Die Bedeutung von Messen, auf denen Gespräche mit Facheinkäufern oder Privatkunden geführt werden, hat zugenommen. Kunden suchen verstärkt den direkten Kontakt, um sich einen umfassenden Eindruck vom Leistungsangebot der Unternehmen zu verschaffen.

Wie wird der Kunde behandelt?

Der persönliche Draht beim Verkaufen oder Beraten stellt sich nicht von alleine her. Auch wenn Kunden sich vorab im Internet oder durch Broschüren informiert haben, möchten sie im direkten Kontakt erleben, wie ihnen das Unternehmen gegenübertritt. Geht man auf ihre Wünsche und Bedürfnisse ein? Gibt man ihnen das Gefühl, als Kunde der Bittsteller zu sein? Oder nimmt man sie mit ihrem Anliegen ernst? Gibt es maßgeschneiderte Konzepte für unterschiedliche Probleme oder nur Standardinformationen?

Das Unternehmen repräsentieren

Ihr Auftritt prägt das Bild des Unternehmens

Der Kunde möchte sich bei einem Unternehmen, dessen Leistungen er in Anspruch nimmt oder dessen Produkte er erwirbt, auch gut aufgehoben fühlen. Die Unternehmensrepräsentanten, mit denen ein Kunde in Kontakt kommt, nehmen dabei eine Schlüsselrolle ein. Der Auftritt von Firmenangehörigen definiert ganz entscheidend das Bild eines Unternehmens in der Öffentlichkeit. Je nachdem, wie Firmenvertreter die Interessenten behandeln, wird auch das Bild vom Unternehmen geprägt werden. Der negative oder positive Eindruck, den ein Standbetreuer auf einer Messe hinterlässt, fällt auf das von ihm vertretene Unternehmen zurück.

Es ist jedoch nicht nur im Sinne des Unternehmens, dass Firmenvertreter souverän im Außenkontakt agieren. Auch für den einzelnen Mitarbeiter und dessen persönliche Erfolgsbilanz ist es wichtig, flexibel auf Kundenwünsche eingehen zu können. Das Informationsmaterial wird von den Kunden nur dann aufmerksam durchgearbeitet werden, wenn ein Funken Begeisterung übergesprungen ist. Ebenso lassen sich Nachfassaktionen starten, wenn genügend Adressmaterial gesammelt wurde, und Verkaufsprovisionen lassen sich nur erzielen, wenn es zu einem Abschluss kommt.

Flexibles Eingehen auf Kundenwünsche ist gefragt

Hier ist Flexibilität gefragt: Einige Standbesucher wollen nachdrücklich überzeugt werden, andere dagegen möchten sich in Ruhe informieren. Messegespräche sind immer eine Gratwanderung zwischen allgemeinem Informationsgespräch und konkreter Verkaufsverhandlung. Unterschiedliche Ansprüche kommen auch zum Tragen, wenn mehrere Interessenten gleichzeitig auftreten. Es ist schwierig, jedem gerecht zu werden und sich im Trubel nicht aus der Ruhe bringen zu lassen. Nicht immer ist es lohnenswert, sich auf einzelne Interessenten zu konzentrieren. Manchmal ist es notwendig, sich von Pseudo-Interessenten rechtzeitig zu verabschieden, um Kapazitäten für Besucher mit Kaufabsichten freizuhalten.

Die Körpersprache von Interessenten kann Ihnen Aufschluss darüber geben, ob ein Informationsbedürfnis vorliegt, ob Kunden bereits an den Angeboten interessiert sind, ob sie sich in ihrer Entscheidung unsicher sind und ob es sich lohnt, in ein Verkaufsgespräch einzusteigen. Ohne aufmerksame Beobachtung der körpersprachlichen Mitteilungen werden Ihnen potenzielle Kunden entwischen.

Beachten Sie die Körpersprache potenzieller Interessenten

Bei der Ansprache von Interessenten müssen Sie nicht nur die Körpersprache der anderen analysieren können. Sie müssen sich auch Ihrer eigenen Körpersprache bewusst sein. Ihre körpersprachlichen Signale tragen schließlich mit dazu bei, die Beziehungsebene zu definieren: Kann man Ihnen vertrauen? Strahlen Sie Kompetenz aus? Sind Sie an den Wünschen des Besuchers interessiert, oder wollen Sie ihm nur schnell irgendetwas aufs Auge drücken? Damit Sie den ersten Kontakt vertiefen können, müssen Sie Kontaktplätze schaffen. Bitten Sie Interessenten an einen Stehtisch oder führen Sie Kunden zum Infodisplay hin, um sie gezielt mit Broschüren versorgen zu können.

Bleiben Sie im Gespräch stets konzentriert, um flexibel reagieren zu können. Sie müssen die Balance zwischen Aufmerksamkeit gegenüber dem Gesprächspartner und der Beobachtung anderer Interessenten schaffen. Dazu gehört, dass Sie Nähe und Distanz abwechseln. Geben Sie Interessenten die Möglichkeit, sich selbst zu informieren. Bauen Sie zwischenzeitlich neue Kontakte auf, aber wenden Sie sich rechtzeitig wieder Ihrem ersten Gesprächspartner zu, bis sein Informationsbedürfnis auch wirklich gestillt ist.

Ein ständiger Wechsel von Nähe und Distanz

Neben Kontaktplätzen werden Sie auch Abschottungsmöglichkeiten benötigen, um Gespräche abkürzen zu können und die gelegentlich auftretenden Broschürenjäger, Zeitdiebe und Standplünderer befrieden zu können. Hier dürfen Sie einmal

Ihr Revierverhalten ausleben, beispielsweise indem Sie hinter einen Tresen oder einen Tisch treten. Selbstverständlich müssen Sie wegen der Signalwirkung auf andere Interessenten stets freundlich bleiben. Statt unproduktive Gespräche zu führen, sollten Sie missliebige Standbesucher mit Ihrer Visitenkarte oder einzelnen Broschüren abspeisen und sich neuen, vielversprechenderen Kontakten zuwenden.

Bitten Sie um Kontaktadressen von Interessenten

Das aktive Beenden von Gesprächen ist auf Messen genauso wichtig wie die aktive Kontaktaufnahme. Ihre Zeit für einzelne Gespräche ist begrenzt, deshalb können Sie nicht jede Detailfrage klären. Erzeugen Sie Interesse und schaffen Sie die Möglichkeit für ein weiterführendes Gespräch. Verlassen Sie sich nicht auf die Initiative anderer: Verteilen Sie nicht nur Ihre Visitenkarten, bitten Sie auch um die Kontaktadressen von Interessenten.

Damit Sie Ihre Messegespräche optimal führen können, zeigen wir Ihnen nun, was passiert, wenn Sie die fremde und eigene Körpersprache nicht beachten. Anschließend sehen Sie, wie die Wahrnehmung körpersprachlicher Signale dabei hilft, ein Gespräch in Gang zu bringen und die Sympathie von Kunden zu gewinnen.

Die Leine reißt: Die Kundin entwischt

Was einen guten Verkäufer ausmacht

Verkaufen wird oft als das Bedrängen eines Kunden missverstanden. Diese Sichtweise lässt das Kundeninteresse außer Acht. Wenn nicht bereits eine Suchbewegung eines Kunden nach einem Produkt oder einer Dienstleistung besteht, sind auch die besten Überzeugungsversuche nutzlos. Ein guter Verkäufer greift das Interesse von Kunden auf, gibt Entscheidungshilfen, räumt Unsicherheit aus und überführt den bisher unspezifischen Wunsch nach einem Produkt oder einer Leistung auf die speziellen Angebote seines Unternehmens.

Drückermentalität führt nur dazu, dass die Beziehungsebene getrübt wird. Mit Kundenorientierung hat diese Vorgehensweise nichts gemein. Generell gilt: Wenn der Unternehmensvertreter vom Kunden abgelehnt wird, zieht dies eine Skepsis gegenüber den Unternehmensangeboten nach sich. Statt einer Win-Win-Situation ergibt sich eine doppelte Verlierer-Konstellation. Misslungene Versuche, Kunden etwas gegen ihren Willen aufzuschwatzen, führen zu Frustrationserlebnissen auf beiden Seiten. Der Verkäufer wird sich stets unwohl in seiner Haut fühlen. Die Last, einen Kunden umbiegen zu müssen, wird ihn bedrücken. Auch der Kunde wird sich unwohl fühlen. Selbst wenn er sich einmal hat überrumpeln lassen, wird er in Zukunft das Unternehmen, das ihm schlechte Erfahrungen bereitet hat, meiden.

Ihr Ziel: eine Win-Win-Situation

Auf dem Foto 8 startet der Unternehmensvertreter die Kontaktaufnahme etwas unglücklich. Es sieht aus, als versuche er, die Interessentin aufzuspießen und am Spieß zappeln zu lassen. Der ausgestreckte Zeigefinger der rechten Hand sticht in Richtung Brustbein der Interessentin. Obwohl der Verkäufer weit genug von ihr entfernt ist, zeigt er ihr mit dieser Geste, dass er jederzeit in ihre Intimsphäre vordringen kann. Unterstützt wird dieser Eindruck durch die leichte Schrittstellung auf sie zu. Mit einem einzigen Ausfallschritt könnte er ihr zu nahe treten.

Statt einer einladenden Geste schüchtert der Standbetreuer die Besucherin ein und drängt sie förmlich vom Tisch weg, auf dem die Prospekte aufgelegt sind. Er vermittelt einen Dominanzanspruch, er will der »Herrscher am Stand« sein und der Besucherin die Rolle der Bittstellerin aufzwingen. Der Verkäufer drückt körpersprachlich aus: »Die Prospekte gehören meiner Firma. Ich allein entscheide, wer es wert ist, unser Material zu erhalten.«

Vermeiden Sie Dominanzgesten am Messestand

Diese »Verteidigung« des Standmaterials ist häufiger zu sehen, als Sie vielleicht denken. Da sich viele Standbetreuer nicht

Die aufgespießte Interessentin

im Klaren darüber sind, wie man wirkliches Interesse bei Besuchern erkennen kann, stehen sie der Herausgabe von Informationsmaterial generell ablehnend gegenüber. Häufig wird die ablehnende Körpersprache mit durchaus wohlmeinenden Worten begleitet, beispielsweise: »Wenn Sie wirklich interessiert sind, gebe ich Ihnen natürlich gerne einen Prospekt.« Die Inkongruenz zwischen Wortäußerung und der gezeigten Körpersprache lässt die Standbesucher jedoch skeptisch werden. Sie fühlen sich am Stand nicht willkommen. Im weiteren Verlauf eines Messegespräches ist es dann sehr schwer, diese Skepsis wieder abzubauen.

Die Interessentin reagiert auf die von ihr als Angriff empfundenen Signale. Sie vergrößert die Distanz zum Standbetreuer, indem sie ihren Oberkörper nach hinten neigt. Ihre Skepsis drückt sich auch in ihrer Mimik aus. Die Augen sind zusammengekniffen, die Stirn bildet senkrechte Falten. Ihr Interesse an den Angeboten des Unternehmens beginnt zu erlahmen. Deutlich wird dies auch an ihrer ausweichenden Schrittstellung. Wenn sie den rechten Fuß umsetzt, kann sie auf dem Absatz kehrtmachen und den Stand verlassen.

Treiben Sie potenzielle Kunden nicht in die Flucht

Der Messebetreuer auf dem Foto 9 versucht es mit einer einnehmenden Haltung. Allerdings übertreibt er dabei: Seine weit ausladenden Arme wirken, als habe er vor, die Besucherin zu erdrücken. Weit ausgestreckte Arme können durchaus freundlich gemeint sein: Für gute Freunde oder alte Bekannte können sie eine angemessene Begrüßung darstellen. Im Geschäftskontakt wirkt diese Geste jedoch deplatziert.

Die Interessentin wird besitzergreifende Tendenzen vermuten. Die Gestik wirkt hier stärker als die Haltung des Verkäufers. Positiv festzuhalten ist, dass er nicht frontal auf sie zugegangen ist, sondern eine leicht seitliche Stellung zu ihr eingenommen hat. Sein zu forsches Auftreten treibt die Interessentin jedoch in eine Abwehrhaltung.

Komm in meine Arme!

Mit etwas weiter gespreizten Beinen als für einen sicheren Stand nötig vermittelt der Standbetreuer körpersprachlich, dass er nicht bereit ist, sich auf die Interessentin (und ihre Wünsche) zuzubewegen. Die einladende Geste drückt damit aus der Sicht der Interessentin nicht unbedingt eine freundliche Haltung aus. Der Verkäufer wirkt eher wie eine Fleisch fressende Pflanze, die mit weit geöffneten Blütenblättern Insekten anlockt, um sie bei Kontakt festzuhalten und zu verdauen.

Die Interessentin scheint Ähnliches zu vermuten. Die weit geöffneten Augen drücken Ängstlichkeit aus. Sie hebt abwehrend ihre linke Hand und beugt den Oberkörper zurück. Damit signalisiert sie »Bleib mir vom Leib!« und versucht, die Vereinnahmung abzuwehren. Sie wird nicht bereit sein, sich auf ein persönliches Gespräch mit dem Standbetreuer einzulassen.

Dem Verkäufer entgeht damit die Möglichkeit, eine Nachfassaktion zu initiieren. Seine Interessentin wird ohne ein Gespräch nicht bereit sein, ihm ihre persönlichen Daten mitzuteilen, um so eine spätere Kontaktaufnahme zu ermöglichen.

Überrumpelungsversuch

Eine ungeschickte Form der Annäherung wählt auch der Standbetreuer auf dem Foto 10. Er nähert sich der Interessentin frontal und schiebt das Informationsmaterial als Block zwischen sich und sie. Sein Kopf ist weit nach vorne gereckt, er wirkt, als wäre er auf der Suche nach einem leichten Opfer.

Der Prospekt, den die Besucherin in den Händen hält, wirkt als Barriere zwischen den beiden Personen. Ohne diese Barriere hätte die Interessentin die Annäherung des Standbetreuers sicherlich als Angriff empfunden. Seine linke Hand ist bereits in ihre Schutzzone eingedrungen und nicht mehr weit von ihrem Körper entfernt. Sie weicht etwas zurück, um die Distanz wieder zu vergrößern. Ihre Mimik, Gestik und Haltung verraten aber, dass sie keinen Angriff erwartet. Im Gegenteil: Sie sieht den Unternehmensvertreter leicht spöttisch an und bleibt abwartend.

Der Interessentin scheint bewusst zu sein, dass der Standbetreuer den Prospekt aus seiner Position auf dem Kopf lesen muss und Schwierigkeiten haben wird, ihr die zutreffenden Informationen zu zeigen. Sie kann daher vermuten, dass der Unternehmensvertreter ungeschickt und unbeholfen ist. Je nach den Gesprächszielen, die sie selbst verfolgt, könnte sie dies durchaus zu ihrem Vorteil nutzen, beispielsweise um weit reichende Zugeständnisse zu erzielen oder in Vertragsverhandlungen den Preis zu drücken.

Die kalte Schulter

Da der Standbetreuer keine Wahrnehmung für die körpersprachlichen Signale anderer hat, sonnt er sich auf dem Foto 11 in dem Gefühl, einen viel versprechenden Kontakt aufgebaut zu haben. Er reibt die Handflächen seiner Hände gegeneinander. Mit dieser Geste konzentriert sich der Standbetreuer auf seine eigenen Empfindungen. Er verstärkt sein Überlegenheitsgefühl und reibt sich schon in Erwartung eines guten Abschlusses die Hände.

Versuchen Sie, einen aktiven Gesprächsabschluss zu initiieren

Statt einen aktiven Gesprächsabschluss zu initiieren, bleibt der Unternehmensvertreter passiv und wird von der weggehenden Interessentin förmlich mitgezogen. Er neigt sich mit der ganzen Körperachse in ihre Richtung und blickt ihr erwartungsvoll hinterher. Diese freudige Erwartung ist eindeutig eine Fehlinterpretation. Die vormalige Interessentin zeigt deutliches Desinteresse an ihm und seinen Ausführungen. Nur ihr Kopf ist ihm noch zugewandt, der Rest ihres Körpers ist schon im Weggehen begriffen. Sie registriert den linkischen Eindruck des Unternehmensvertreters. Enttäuscht wendet sie sich ab und zeigt ihm die kalte Schulter.

Ein guter Fang: Die Schnur wird eingeholt

Kaufentscheidungen werden bei größeren Investitionen nicht spontan getroffen. Wenn Kunden auf Informationssuche gehen, sind sie sich in ihrer Entscheidung noch unsicher. Sie wissen um ihren Bedarf, aber noch nicht, wie dieser Bedarf optimal abgedeckt werden kann. Werden in einem Beratungsgespräch die Unsicherheiten des Kunden verstärkt, so wird er dazu neigen, das Angebot dieses Unternehmens außer Acht zu lassen.

Ein zurückhaltender, unterstützender Gessprächsstil

Deshalb ist es wichtig, erst einmal festzustellen, woran der Kunde besonders interessiert ist. Es bietet sich an, den Kunden seine Vorstellungen äußern zu lassen und ihn in seiner Meinung zu bestärken. Ein zurückhaltender, punktuell unterstützender Gesprächsstil ist wesentlich effektiver als eine draufgängerische Überforderung des Kunden. Das wenn auch nur ansatzweise vorhandene Interesse darf nicht überrollt werden.

Ebenso leidet das Interesse, wenn sich eine Antipathie zwischen Verkäufer und Kunden entwickelt. Verkäufer müssen auf Sympathie hinarbeiten. Überlassen Sie die Gestaltung der Beziehungsebene nicht dem Zufall. Vermitteln Sie dem Kunden, dass seine Interessen im Mittelpunkt stehen, und bringen Sie ihm Wohlwollen entgegen.

Das richtige Zugehen auf die Kundin

Die Interessentin auf dem Foto 12 zeigt Unsicherheit, aber Interesse. Ihr Körperschwerpunkt liegt etwas vor der Körperachse. Damit neigt sie sich den Angeboten weiter zu, als es ihre Standposition auf den ersten Blick vermuten lässt. Mit einem schüchternen Lächeln macht sie ihre Unsicherheit sichtbar. Es ist zu vermuten, dass sie sich sehr passiv verhalten wird und nicht von sich aus den Kontakt sucht.

Der Standbetreuer hat die Körpersignale richtig gedeutet und geht auf sie zu, um sie anzusprechen. Der direkte Blickkontakt vermittelt ihr, dass sie jetzt im Zentrum des Interesses steht. Um sie nicht zu verschrecken, bleibt der Unternehmensvertreter mehr als eine Armlänge von ihr stehen. Soll ein persönlicher Kontakt aufgebaut werden, darf die Entfernung für eine Ansprache nicht zu groß sein. Sie darf aber auch nicht weniger als eine Armlänge betragen, sonst wird die Intimsphäre verletzt, was eine Abwehrhaltung oder ein Ausweichen provoziert.

Ein sympathischer Start

Nach der erfolgreichen Annäherung redet der Messebetreuer nicht gleich auf die Interessentin ein. Er bietet ihr Orientierungshilfen, um ihr zu ermöglichen, sich selbst ein Bild zu machen. Mit der geöffneten linken Hand weist er auf das Informationsmaterial hin. Die geöffnete rechte Hand signalisiert der Interessentin, dass er für ihre Gesprächswünsche offen ist.

So vermitteln Sie Aufmerksamkeit

Beide Arme des Messebetreuers bleiben am Anfang des Gespräches nah am Körper, um Zurückhaltung zu demonstrieren. Seine Körperhaltung ist sehr aufrecht. Er hat eine ausreichende Körperspannung aufgebaut, ohne Verspannungen zuzulassen. So vermittelt er seiner Interessentin Aufmerksamkeit. Die gerade Haltung verdeutlicht, dass er in sich ruht und weder zum Angriff übergehen noch einen plötzlichen Rückzug antreten wird.

Die Beinstellungen vom Standbetreuer und von der Interessentin zeigen, dass sich hier keine frontal gegenüberstehenden Blöcke gebildet haben. Betrachtet man nur die Beine, ergibt sich eine leicht seitliche Positionierung zueinander. Die Oberkörper sind jedoch etwas mehr aufeinander gerichtet. Beide Personen schenken sich volle Aufmerksamkeit, die Interessentin befindet sich sogar schon in leichter Schrittstellung zum Verkäufer hin. Sie wird allerdings noch etwas brauchen, bis sie das leichte Zurückweichen mit dem Oberkörper aufgeben wird. Zuerst muss das Vertrauen weiter gestärkt werden.

Vertrauen braucht Raum zum Wachsen

Erste Hilfe bei der Entscheidungsfindung

Übung

Lernen Sie, die körpersprachlichen Signale zu erkennen, die ein Hilfebedürfnis ausdrücken. Wenn Sie einen Messestand betreuen, müssen Sie schnell einschätzen können, ob es sich lohnt, einen Interessenten anzusprechen. Schärfen Sie Ihren Blick für die Körpersprache Ihrer potenziellen Kunden. Es gibt eindeutige Signale, die es nahe legen, sich intensiver um einen Interessenten zu kümmern. Beispielsweise wenn er

- sich hilflos umschaut,
- lange vor Infotafeln stehen bleibt oder
- in Informationsmaterial blättert.

Es gibt aber auch weniger eindeutige Signale, die Konzentration, Nachdenklichkeit oder Unsicherheit in der Entscheidung ausdrücken. Trainieren Sie, diese Körpersignale zu erkennen. Wenn Sie diese Signale bei Menschen sehen, sollten Sie darauf achten, ob damit Interesse an bestimmten Gegenständen oder Themen verbunden ist.

Eine gutes Übungsfeld für Beobachtungen sind Zeitschriftenläden auf Flughäfen oder Bahnhöfen. Wenn Reisende keine bestimmte Zeitung suchen, sondern nur eine Lektüre zum Zeitvertreib, wird oft körpersprachlich Nachdenklichkeit signalisiert, bevor der Griff zu einem bestimmten Produkt erfolgt. In seiner Entscheidung noch unsicher, aber interessiert ist ein Kunde, wenn

- er seine Körperhaltung verändert und sich bewusst aufrichtet,
- sich auf seiner Stirn senkrechte Falten bilden,
- die Augenbrauen hochzogen werden und sich die Augen weit öffnen,
- er anfängt, die Handflächen aneinander oder an der Kleidung zu reiben oder
- er sich am Kopf kratzt oder das Ohrläppchen knetet.

Um das Interesse der Kundin zu vertiefen, greift der Verkäufer auf dem Foto 13 auf die Visualisierung des Firmenangebotes zurück. Er präsentiert ihr einen Prospekt. Dabei hat er sich bewusst seitlich zu ihr gestellt, um keine unnötige Spannung aufzubauen. Den Prospekt behält er in seiner Hand, um den Angebotscharakter zu unterstreichen. Er streckt der Interessentin die Mappe nicht gleich entgegen, um Verletzungen ihrer Intimssphäre zu vermeiden.

Sprechen Sie Kunden auf mehreren Aufnahmekanälen an

Bei seinen Hinweisen auf Prospektangaben nutzt er die offene Handfläche. Seine Ausführungen haben einen Bezug zu den visualisierten Inhalten. So kombiniert er zwei Aufnahmekanäle der Interessentin, das Hören und das Sehen, um die Informationen besser in ihrem Gedächtnis zu verankern.

Obwohl der Standbetreuer neben die Besucherin getreten ist, richtet er sich auf sie aus. Sein Körper ist dem ihren zuge-

Ins Gespräch vertieft

wandt. Zwischen seinen Erläuterungen wird er immer wieder den Blickkontakt zu ihr suchen, um den persönlichen Draht nicht abreißen zu lassen. Den linken Arm hält er dicht am Körper, um wegen seiner Nähe zur Interessentin keine Verletzung der Distanzzone zu begehen. Die Interessentin toleriert zwar wegen der vorher aufgebauten Sympathie die Annäherung des Standbetreuers, aber ungeschickte Bewegungen innerhalb der Intimsphäre der Interessentin könnten den Kontakt immer noch merklich trüben.

Die Interessentin hat ihre Beinhaltung etwas verändert. Sie hat das linke Bein nachgezogen und ist damit ein wenig auf den Standbetreuer zugekommen. Mit einer Neigung ihres Kopfes lässt sie erkennen, dass ihr Interesse geweckt worden ist. Der leicht nach links geneigte Kopf macht körpersprachlich Vertrauen zum Standbetreuer deutlich. Andeutungsweise wird die Halsseite mit der leicht verletzbaren Halsschlagader präsentiert. Dies zeigt, dass sie einen Angriff des Unternehmensvertreters für ausgeschlossen hält.

Passiv, aber interessiert

Ihre Gestik bleibt weiterhin passiv. Beide Arme hängen am Oberkörper herab und liegen auf den Hüften auf, die Handflächen werden nicht gezeigt. Der Messebetreuer kann daraus schließen, dass die Kundin nicht gleich zugreifen wird. Aber sie steht dem Angebot offen gegenüber. Sie verschränkt weder die

Arme, noch ballt sie die Hände zur Faust. Sie ist interessiert, aber noch nicht bereit zu handeln. Aus ihrer Sicht müssen die Kaufabsichten noch in Ruhe überdacht werden.

Verbindung gehalten

Der Standbetreuer auf Foto 14 hat seine Möglichkeiten in der Messesituation ausgeschöpft. Er weiß, dass der Versuch, die Interessentin zu einem Abschluss zu drängen, sie nur in eine Verweigerungshaltung triebe, die auch nach der Messe nachwirken würde. Daher nutzt er den guten Draht, den er zu ihr aufgebaut hat, um eine spätere Wiederaufnahme des Kontaktes vorzubereiten. Er wird sich nach der Messe wieder bei ihr melden, und dies schon bald, damit die Erinnerung an ihn nicht verblasst.

Eine aktive Verabschiedung

Körpersprachlich signalisiert die Interessentin, dass ihr Informationsbedürfnis jetzt gestillt ist, indem sie »in den Rückwärtsgang schaltet«: Sie setzt das linke Bein wieder etwas mehr zurück und dreht sich leicht vom Standbetreuer weg. Dieser hat dies registriert und greift zu einer aktiven Verabschiedung. Er reicht ihr die Hand, in die sie bereitwillig einschlägt. Der Handschlag erfolgt etwa in der Mitte zwischen den beiden und macht zum Abschluss noch einmal die Symmetrie im Gespräch deutlich: Beide Gesprächspartner haben sich als gleichberechtigt empfunden und konnten ihre Vorstellungen umsetzen.

Begegnung in der Mitte

Das zarte Lächeln der Besucherin unterstreicht, dass sie mit dem Gesprächsergebnis zufrieden ist. Der Unternehmensvertreter hält den Blickkontakt auch während der Verabschiedung und bittet um eine Visitenkarte, um eine spätere Kontaktaufnahme möglich zu machen. Die Übergabe der Visitenkarte findet ebenfalls etwa in der Mitte zwischen den beiden statt, das heißt, er versucht nicht, ihr die Kontaktdaten aus ihrer Einflusssphäre zu entreißen. Ebenfalls erspart er ihr, dass sie zu weit auf ihn zukommen muss, um die Visitenkarte zu übergeben. Dass der Gesprächsverlauf die Interessentin sehr positiv beeindruckt hat, zeigt sich daran, dass sie die Hand des Verkäufers nicht loslässt, während sie ihm ihre Visitenkarte überreicht. Der Abschied fällt ihr beinahe schwer, einem erneuten Kontakt wird die potenzielle Kundin freudig entgegensehen.

Das gestillte Informationsbedürfnis

Übung

Genauso wichtig wie ein gezielter Gesprächsbeginn ist es, den richtigen Zeitpunkt für eine Unterbrechung im Gespräch festzulegen. Kunden und Interessenten brauchen Zeit, um die Informationen, die Sie ihnen gegeben haben, zu filtern und sie hinsichtlich ihrer Relevanz für eine Kaufentscheidung durchzugehen. Niemand möchte »totgeredet« werden. Der eben erst entzündete Funken Interesse kann schnell wieder gelöscht werden, wenn Sie zu viele Informationen nachsetzen.

Trainieren Sie deshalb, in Gesprächen mit Kunden rechtzeitig zu erkennen, wann Ihr Gegenüber eine Auszeit braucht. Achten Sie bewusst auf die folgenden Signale:

- Der Kunde blickt zu Boden.
- Er tritt von einem Bein aufs andere.

- Er schaut geistesabwesend in die Ferne.
- Er blickt durch Sie hindurch, während Sie sprechen.
- Er blickt eine eventuell vorhandene Begleitung immer wieder an.
- Er weicht zurück.
- Er setzt einen Fuß in Schrittstellung von Ihnen weg.
- Er dreht den Oberkörper von Ihnen weg und löst dadurch den Nase-Nabel-Kontakt auf.

Diese Signale bedeuten: »Ich brauche eine Pause.« Sie sollten in diesem Fall eine Unterbrechung des Gespräches anbieten. Schlagen Sie unverbindlich eine Unterbrechung und spätere Wiederaufnahme des Gespräches vor und registrieren Sie, ob Ihr Gesprächspartner eher überrascht oder einverstanden ist.

Auf einen Blick

Interessenten am Haken: souverän im Messegespräch

Im Blick

- Der persönliche Draht zwischen Standbetreuer und Besucher entscheidet über Annahme oder Ablehnung der Unternehmensangebote.
- Firmenvertreter tragen zum Bild des Unternehmens in der Öffentlichkeit entscheidend bei. Ein negativer persönlicher Eindruck fällt immer auch auf das Unternehmen zurück.
- Auf Messen ist Flexibilität gefragt. Einige Besucher wollen überzeugt werden, andere möchten sich erst einmal unverbindlich informieren.
- Die Körpersprache von Messebesuchern gibt Aufschluss darüber, ob sie sich informieren wollen, Kaufabsichten haben oder sich in der Entscheidung noch unsicher sind.

- Messebesucher lassen sich nicht überrumpeln. Fühlen sie sich unsicher oder wird ihre Unsicherheit verstärkt, wenden sie sich anderen Anbietern zu.
- Ein zu forsches Auftreten verschreckt Interessenten ebenso wie ein übertrieben einnehmendes Verhalten.
- Das Informationsmaterial sollte im Gespräch nicht als Barriere zwischen Standbetreuer und Besucher stehen. Es sollte die Aufmerksamkeit bündeln und dabei helfen, die Interessen des Standbesuchers zu definieren.
- Zu Beginn ist ein zurückhaltender Gesprächsstil am günstigsten, um dem Interessenten mehr Raum für die Darstellung eigener Wünsche zu geben.
- Der Blickkontakt zum Interessenten ist wichtig, um ihm zu vermitteln, dass er im Mittelpunkt des Interesses steht.
- Hinweisgesten sollten mit offenen Handflächen erfolgen, um eine Einladung zum Meinungsaustausch zu signalisieren.
- Ein aktiver Gesprächsabschluss sollte die Möglichkeit schaffen, das Gespräch zu einem späteren Zeitpunkt fortzuführen, beispielsweise um ein Angebot zuzuschicken.

5

Der erste Eindruck: Die neue Chefin tritt an

Schon bei Ihrem ersten Auftritt am neuen Arbeitsplatz versuchen Kollegen und Mitarbeiter, Sie einzuschätzen. Mit dem ersten Eindruck, den Sie machen, können bereits entscheidende Weichen gestellt werden. Ein überzeugender Auftritt erfordert von Ihnen ein kongruentes Verhalten: Ihre Worte müssen gezielt von Ihrer Körpersprache unterstützt werden. Wir erläutern Ihnen, wie Sie sich richtig in Szene setzen und die Sympathie Ihres neuen Arbeitsumfeldes gewinnen.

Hierarchische Strukturen sind nur bedingt von Bedeutung

Alle Menschen haben das Bedürfnis, sich schnell ein Bild von ihren Mitmenschen zu machen. Auch im beruflichen Kontext wird das Auftreten von Mitarbeitern, Kollegen und Vorgesetzten beobachtet und bewertet. Bei einem neuen Kontakt greifen die hierarchischen Strukturen – soweit sie überhaupt vorhanden sind – nur bedingt. Abseits aller hierarchischen Vorgaben versuchen wir immer, die eigenen Verhaltensmöglichkeiten und Freiräume einzuschätzen: Wer steht mir gegenüber? Was kann ich mir erlauben? Was wird von mir erwartet?

Soziale Kompetenz zeigen

Durch die gewachsenen Ansprüche an die Abstimmung von Arbeitsergebnissen der einzelnen Unternehmensbereiche und Abteilungen in heutigen Unternehmen sind die Möglichkeiten, Kollegen und Mitarbeiter verschiedenster Unternehmensbereiche zu treffen, enorm gestiegen. Experten aus unterschiedlichen Abteilungen treffen in Konferenzen aufeinander, an Projekten werden Mitarbeiter beteiligt, die sich bisher noch nicht näher kannten, und ständig müssen neue Kollegen in bestehende Arbeitsabläufe eingebunden werden.

Vermittlung von Qualifikationen über die Körpersprache

Der Stellenwert des einzelnen Mitarbeiters im Unternehmen ist nicht mehr ausschließlich über seine Berufsbezeichnung und seinen Rang in der Firmenhierarchie definiert. In diesen Arbeitsabläufen ist vor allem die soziale Kompetenz wichtig. Soziale Kompetenz zeigt sich im Verhalten von Mitarbeitern. Das Vorhandensein dieser für eine Karriere als unabdingbar angesehenen Soft Skills wird ganz wesentlich über die eingesetzte Körpersprache vermittelt.

Gerade wenn Führungspositionen neu besetzt werden, ist der erste Eindruck, den die neue Führungskraft bei ihren Mitarbeitern hinterlässt, prägend: Wird ihr soziale Kompetenz zugebilligt? Sind die Mitarbeiter bereit, ihr zu folgen? Wirkt sie glaubwürdig? Strahlt sie Gestaltungswillen aus? Trägt sie Konflikte offen aus? Lässt sie die Zügel schleifen?

Achten Sie auf die Kongruenz von Sach- und Beziehungsebene

Es ist nicht einfach, sich Respekt zu verschaffen, ohne Mitarbeiter vor den Kopf zu stoßen. Viele Vorgesetzte machen es sich selbst schwer, indem sie mit widersprüchlichen Mitteilungen auf der Sach- und der Beziehungsebene auftreten. Ihre Worte sagen dann etwas anderes, als die Körpersprache ausdrückt. Oft wird ein sachlicher Ton mit einem autoritären Auftreten konterkariert. Auch forsche Statements gehen ins Leere, wenn der Körper Unsicherheit widerspiegelt. In beiden Fällen tritt der Vorgesetzte inkongruent auf, und er wirkt dadurch unglaubwürdig. Die Bereitschaft, ihm und seinen Anweisungen zu folgen, wird nicht sonderlich ausgeprägt sein.

Wenn Sie als Führungskraft von Anfang an überzeugend auftreten möchten, müssen Sie sich stimmig verhalten. Versetzen Sie sich in die Lage, Ihre Körpersprache an die Erfordernisse der Situation anzupassen. Dazu müssen Sie sich Klarheit über die eigenen körpersprachlichen Signale verschaffen, die Sie aussenden. Beachten Sie immer, besonders wenn Sie sich als neues Mitglied in eine bestehende Gruppe integrieren wollen, die vorhandenen Reviergrenzen und berücksichtigen Sie bei Ihrer Annäherung die für persönliche Kontakte geltenden Distanzzonen.

Verhalten Sie sich stimmig und der Situation angepasst

Sie erfahren nun, was passieren kann, wenn eine neue Chefin sich nicht über ihre Körpersprache im Klaren ist. Widersprüchliche Signale machen es dem Mitarbeiter schwer, eine klare Linie zu erkennen. Danach stellen wir Ihnen vor, wie es besser geht und wie ein souveräner Auftritt beim Arbeitsantritt gelingt.

Vorfahrtsregeln: Brave Mädchen kommen unter die Räder

Ein unsicheres Auftreten von Führungskräften zieht in der beruflichen Praxis eine Menge Nachteile nach sich: Selbstsichere Mitarbeiter werden die Unsicherheit als Signal dafür sehen, sich über den Kopf des neuen Chefs hinwegzusetzen. Bei zurückhaltenden Mitarbeitern schafft ein unsicherer Auftritt Konfusion, da sich diese auf die Führungsstärke ihres Vorgesetzten verlassen. Die Beziehungsebene kann empfindlich gestört werden. Hinzu kommt, dass bei einer gestörten Beziehungsebene auch fachliche Auseinandersetzungen erschwert werden. Eine Unsicherheit im Umgang mit Menschen wird oft auch als fachliche Unsicherheit ausgelegt.

Beratung

Aus unserer Beratungspraxis

Ein liebes Mädchen

In einem unserer Seminare sprach uns eine junge weibliche Führungskraft an, weil sie Schwierigkeiten hatte, Anerkennung in ihrer neuen Stelle zu finden. Sie wunderte sich, dass ihre Vorgehensweise des Öfteren auf Widerstand traf, obwohl sie sich sicher war, alle fachlichen Aspekte umfassend gewürdigt zu haben. Wenn es dann zu Auseinandersetzungen über ihre Anweisungen kam, stellte sich eigentlich immer heraus, dass sie im Recht war.

Die Projektingenieurin hatte einen sehr klaren und direkten Sprachstil, im Verhalten uns gegenüber wirkte sie jedoch unsicher. Um zu überprüfen, ob ihre Unsicherheit auch in berufsnahen Situationen zu erkennen war, führten wir ein Rollenspiel durch. Wir ließen die Ingenieurin einfache Arbeitsanweisungen an einen männlichen Seminarteilnehmer geben. Den Seminarteilnehmer hatten wir vorher instruiert, sich zurückhaltend zu geben und auf Zustimmungsgesten oder -äußerungen zu verzichten.

Die junge Führungskraft ging am Anfang des Gespräches noch sicher auf ihren fiktiven Mitarbeiter zu und gab in einem dynamischen Tonfall ihre Anweisungen. Als sie jedoch nach einiger Zeit noch keine Zustimmungssignale erkennen konnte, wurde sie immer unsicherer. Sie fing an, um die Körperachse zu pendeln, verschränkte die Hände ineinander und legt den Kopf leicht schräg. Ihren Blickkontakt zum Mitarbeiter brach sie schließlich ab. Sie blickte häufig zu Boden oder sah sich hilflos um. Ihr Sprachfluss kam ins Stocken. Das Gespräch beendete sie mit der Formulierung: »Na ja, Sie wissen jetzt ja sicherlich, was Sie zu tun haben ...«

Als sie sich später auf der Videoaufzeichnung sah, war sie verblüfft. Auf ihre eigenen körpersprachlichen Signale hatte sie nie geachtet. Das unsichere »Mädchenschema«, das sie gezeigt hatte, glaubte sie längst überwunden. Schließlich hatte sie sich bereits in einer Ausbildung vor dem Studium in einem »Männerberuf« bewährt, und auch im Studium hatte sie ihre Ziele erreicht. In dem nachgestellten Gespräch hatte sie nur ein diffuses Gefühl verspürt, dass sie nicht richtig zum Mitarbeiter durchdringen konnte.

Wie in ihrer beruflichen Tätigkeit hatte sie sich im Rollenspiel letztendlich auf die Hierarchie verlassen. Sie war der Meinung, dass ein Mitarbeiter schließlich tun müsse, was ihm eine vorgesetzte Person anordnet. Hier lag auch der Kern ihres Problems. Dadurch, dass sie Körpersignale aus ihrer Kommunikation mit Mitarbeitern ausblendete, schaffte sie es nicht, einen Draht zu ihren Mitarbeitern zu finden. Durch ihre Körpersprache drückte sie Unsicherheit aus, was ihre Mitarbeiter dazu veranlasste, an der Richtigkeit ihrer Anweisungen zu zweifeln.

Im weiteren Verlauf des Seminars lernte sie, Zugang zu ihrer eigenen Körpersprache zu finden. Ihre Auseinandersetzung mit der Analyse körpersprachlicher Signale verschaffte ihr auch die Möglichkeit, Rückschlüsse aus dem Verhalten anderer zu ziehen. So konnte sie kongruent auftreten und ihren Durchsetzungswillen mit ihrer Körpersprache unterstreichen. Bei Mitarbeitern achtete sie ab sofort auf Zustimmungssignale, wenn sie Anweisungen gab. Blieben diese aus, bohrte sie nach und konnte dadurch die Umsetzung ihrer Anweisungen sicherstellen.

Fazit: In der beruflichen Praxis ist es nicht damit getan, nur mit Wortäußerungen die Sachebene zu gestalten. Besonders für Führungskräfte ist es wichtig, dass sie mit ihrem Auftreten Kompetenz vermitteln. Die Beschäftigung mit Körpersprache gibt Ihnen ein aussagekräftiges Feedback-Instrument an die Hand, mit dem Sie erkennen können, ob Anweisungen verstanden wurden und ob die Bereitschaft für die Umsetzung dieser Anweisungen vorhanden ist.

Auf dem Foto 15 traut sich die neue Chefin nicht aus der sicheren Deckung heraus. Da ihr die hierarchische Struktur im persönlichen Kontakt nur begrenzt Deckung gibt, versucht sie sich hinter einem Bürostuhl zu verschanzen. Mit beiden Händen umklammert sie die Stuhllehne und spricht den Mitarbeiter an.

Die unsichere, schmollende Vorgesetzte

Dieser registriert sofort die Unsicherheit ausdrückende Kopfhaltung. Zwar muss die Vorgesetzte ihn als Sitzenden von oben herab ansehen und hätte damit ein gewisses Autoritätsgefälle auf ihrer Seite. Dieses Gefälle verspielt sie jedoch dadurch, dass sie den Kopf zu stark neigt und ihn in der Folge von unten her anschielen muss. Die Schnute, die sie hierbei zieht, könnte Trotzigkeit ausdrücken. Zusammen mit der unsicheren Haltung vermittelt die Vorgesetzte jedoch eher den Eindruck, dass sie schmollt. Ihr scheint der persönliche Kontakt zum Mitarbeiter unangenehm zu sein. Sie möchte sich wahrscheinlich viel lieber darauf beschränken, Anweisungen schriftlich oder per E-Mail zu geben.

Der Mitarbeiter sieht seine neue Chefin ernst an. Mit den Armen und Händen verharrt er in der Arbeitsposition. Er dreht sich nur leicht herum, um sie kurz zu mustern. Ihren Auftritt wird er nicht als Angriff empfinden. Er muss jedoch auf sie reagieren, da die Sitzfläche des Stuhls, an dem sie sich festhält, direkt auf seine Sitzposition zielt. Bei einem Überraschungsangriff oder einer unbeholfenen Bewegung wäre sein Platz in Gefahr. Daher wird er sich genötigt sehen, die Verhältnisse zu klären.

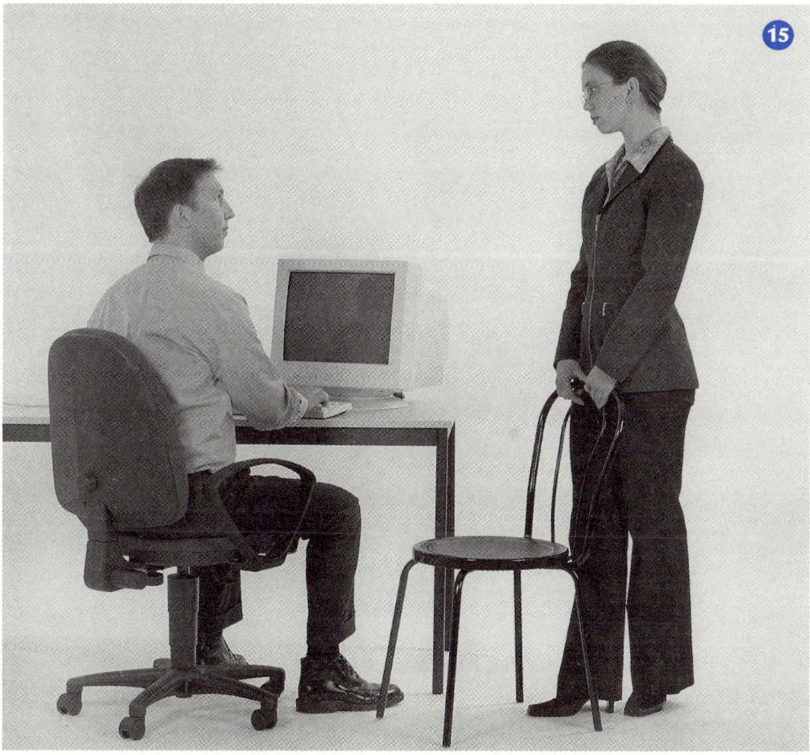

Aus sicherer Deckung

Bleiben Sie souverän

Das Foto 16 zeigt die Klärung des Verhältnisses zwischen Mitarbeiter und Vorgesetzter. Um vor Angriffen sicher zu sein, hat der Mitarbeiter die Chefin gebeten, den Stuhl wieder an den Nachbarschreibtisch zu stellen. Mit diesem geschickten Schachzug beraubt er sie ihrer Deckung. Die Unsicherheit der Vorgesetzten kippt nun in eine Demutshaltung ab.

Sie legt ihren Kopf schief und neigt den Oberkörper nach hinten. Die Körperhaltung lässt Spannung vermissen und wirkt eher wie ein Fragezeichen als ein der Situation angemes-

Der wahre Chef auf dem Affenfelsen

senes Ausrufezeichen. Die Finger der Vorgesetzten liegen nahe am Mund. Sie legt sich sichtlich Zurückhaltung auf und ist sich über ihre Gesprächsstrategie im Unklaren. Der stark vorgeneigte Kopf signalisiert zwar Interesse, die Vorgesetzte zieht sich aber aus ihrer Führungsposition zurück und überlässt dem Mitarbeiter die Gesprächssteuerung.

Die zurückhaltende, passive Vorgesetzte

Damit kann sich der Mitarbeiter auf seine angestammte Position zurückziehen. Er sieht keine Notwendigkeit, auf die Chefin und ihre Vorstellung einzugehen, und demonstriert dies auch mit seiner Körpersprache. Hierbei beschränkt er sich nicht nur auf Ignoranz, sondern provoziert die Chefin durch seine liegende Sitzhaltung. So werden Grenzen ausgetestet. Der

Mitarbeiter vergewissert sich gerade darüber, was er sich bei der neuen Chefin alles erlauben kann.

Seine auf dem Oberschenkel aufliegenden Hände bleiben entspannt. Das linke Bein ist jedoch zur Chefin hin ausgestreckt und die Fußspitze ist erhoben. Der Mitarbeiter wirkt so, als würde er seiner neuen Vorgesetzten gerne einen Tritt versetzen, um sie noch weiter aus dem Gleichgewicht zu bringen. Seine gesamte Körpersprache signalisiert der neuen Vorgesetzten: »Ich bin hier der Chef auf dem Affenfelsen, und alles läuft weiter so, wie ich es mir vorstelle!«

Angriffs- und Unsicherheitsgesten

Die Vorgesetzte auf dem Foto 17 versucht es mit einer anderen Vorgehensweise. Sie ist fest entschlossen, den ersten Kontakt zum Mitarbeiter dynamisch zu gestalten. Allerdings verwechselt sie echte Dynamik und Überzeugungskraft mit aufgesetzter Autorität. Sie zeigt eine Mischung aus Angriffs- und Unsicherheitssignalen und beraubt sich dadurch der Chance, Anerkennung zu finden.

Vorsicht bei Revierverletzungen

Den Griff der Chefin an den Monitor wird der Mitarbeiter als Revierverletzung empfinden. Der Monitor gehört zum persönlichen Arbeitsplatz des Mitarbeiters und ist deshalb seiner Einflusssphäre zuzurechnen. Sicherlich sind die ausgedruckten Arbeitsergebnisse Eigentum des Unternehmens. Dies sollte Vorgesetzte jedoch nicht dazu veranlassen, den Monitor aus der Blickrichtung des Mitarbeiters zu drehen, um den Fortgang der Arbeit ungefragt zu überprüfen.

Auf dem Foto hält sich die Vorgesetzte zwar nur am Monitor fest, aber diese Revierverletzung fordert den Mitarbeiter heraus: Duldet er den Eingriff in seinen Arbeitsbereich, muss er damit rechnen, dass sich seine neue Chefin des Öfteren Interventionen herausnehmen wird. Er muss entscheiden, wie er darauf reagieren soll. Seine weitere Vorgehensweise bei diesem ersten Kontakt wird er an den anderen körpersprachlichen Signalen festmachen. Diese zeigen bei der Vorgesetzten eher Unsicherheit, sodass der Mitarbeiter wahrscheinlich zum Gegenangriff übergehen wird.

Die Vorgesetzte wollte eigentlich Dynamik ausstrahlen. Aber mit ihrer Haltung sendet sie Unsicherheitssignale aus. Ihr linker Arm ist in die Hüfte gestemmt, was immer eine Vergrößerung der Erscheinung zur Folge hat. Unbewusst versucht sie, gewichtiger zu wirken. Sie plustert sich partiell gegenüber dem Mitar-

Revierverletzung

beiter auf. Da sie mit der linken Hand eher den Lendenbereich umfasst und nicht ihre Faust in die Hüfte stemmt, wirkt sie weniger angriffslustig, sondern vielmehr so, als würde sie einen Angriff des Mitarbeiters erwarten und entsprechende Vorsichtmaßnahmen zum Schutz der inneren Organe einleiten.

Entlarvende Signale

Der Mitarbeiter erweist der Vorgesetzten entsprechend ihrer ausgesandten Körpersignale nur wenig Respekt und Aufmerksamkeit. Er bleibt in der Arbeitsstellung sitzen und wendet nur den Kopf, um sie anzusehen. Ein besonderes Interesse an seiner neuen Chefin ist nicht vorhanden. Zusätzlich hat der Mitarbeiter den Schreibtischstuhl etwas zurückgeschoben und sich damit in die Lage versetzt, bei Bedarf schnell aufstehen zu können.

Revierverletzungen fordern Verteidigungsbereitschaft heraus

Die Vorgesetzte erhält jetzt, wie auf dem Foto 18 zu sehen, ihre sehnlich erwartete Gelegenheit, sich durchzusetzen. Leider hat sie mit der Revierverletzung ein negatives Signal in das Gespräch mit ihrem Mitarbeiter gebracht, das die Stimmung eingetrübt hat. Der Mitarbeiter sieht sich bemüßigt, seinen Status in der Firma zu verteidigen, und bietet der Chefin die Stirn.

Mit leicht gespreizten Beinen nimmt der Mitarbeiter einen festen Stand ein und signalisiert: »Von hier bekommt mich niemand weg!« Nicht nur der Kopf, sondern der gesamte Körper ist in Richtung auf die Chefin geneigt. Demonstrativ sieht er auf seine Vorgesetzte herunter. Durch die leichte Schrägstellung des Körpers nach vorne pendeln seine Unterarme mit gekrümmten Fingern vor dem Körper. Mit einem Gefühl der Überlegenheit macht sich dieser Mitarbeiter zum Kampf bereit.

Aggressionen schaukeln sich hoch

Die hierarchische Struktur erlaubt es ihm natürlich nicht, die Hand offen gegen die Chefin zu erheben. Seine Hände sind aber jederzeit bereit, eine Faust zu ballen, die Chefin einzuschüchtern und auf Distanz zu halten. Die Konfrontation ist da und die Chefin in einer Kampfsituation gefangen.

Sie reagiert ihrerseits, indem sie in Verteidigungsstellung geht und mit den vor der Brust überkreuzten Armen eine Barriere aufbaut. Damit signalisiert sie dem Mitarbeiter, dass ihr die Entwicklung missfällt. Sie bleibt aber trotzdem abwartend und passiv. Ihren Oberkörper zieht sie leicht zurück, um den vorgebeugten Oberkörper des Mitarbeiters zu kompensieren und auf Abstand zu bleiben. Die frontale Stellung der beiden Gesprächspartner zueinander hält den Druck jedoch aufrecht. Die Fronten verhärten sich.

Revierverteidigung

So vermeiden Sie, dass die Situation eskaliert

In dieser Situation wäre es unbedingt notwendig, dass wieder Bewegung ins Geschehen kommt. Aufeinander zubewegen sollten sich Mitarbeiter und Chefin aber lieber nicht, damit die Situation nicht eskaliert. Es wäre günstiger für die Vorgesetzte, das Schlachtfeld zu verlassen, um sich beispielsweise einen Stuhl zu holen. Würden sich beide Gesprächspartner dann in ausreichendem Abstand zueinander hinsetzen, wäre ein Teil der unnötigen Spannung verflogen. Die Vorgesetzte könnte zwar den ersten Eindruck nicht mehr korrigieren, aber zumindest einen Waffenstillstand auf der Beziehungsebene erreichen, um sich dann sachlichen Aspekten zu widmen.

Die Vorgesetzte hat die Aussichtslosigkeit der vorigen Situation erkannt und versucht auf dem Foto 19, die Situation zu beruhigen. Sie hat sich zum Mitarbeiter gesetzt und ist dabei, ihren Standpunkt klar zu machen.

Die Sitzhaltung signalisiert Abwendung

Ihre Sitzhaltung ist jedoch stark verdreht. Damit sendet sie Inkongruenz aus, was ihre Glaubwürdigkeit und ihr Durchsetzungsvermögen in der Situation beeinträchtigt. Das vom Mitarbeiter wegweisende übergeschlagene Bein signalisiert eine

Entgegengesetzte Positionen

Abwendung. Der Mitarbeiter hat sich als schwieriger Fall herausgestellt, sodass sie ihm am liebsten aus dem Weg gehen würde. Um sich ihm zuzuwenden, muss sie den Oberkörper in der Taille stark verdrehen. Dieser Versuch eines Nase-Nabel-Kontaktes zeigt jedoch kein ehrliches Interesse. Mit dem rechten Arm bildet sie zudem eine Barriere zum Mitarbeiter, während der abgewinkelt auf der Stuhllehne liegende linke Unterarm auf den Mitarbeiter zielt.

Lassen Sie die Situation nicht in einer Sackgasse enden

Dieser ist sich in der ersten Auseinandersetzung inzwischen so sicher geworden, dass er diesen Torpedierungsversuch seiner Chefin nicht ernst nimmt. Entspannt sitzt er auf seinem Stuhl. Die Arme liegen auf den Stuhllehnen auf und geben den Oberkörper frei. Auch der Mitarbeiter wendet sich mit seiner Beinhaltung von der neuen Chefin ab. Ihm ist die neue Chefin sichtlich unsympathisch. Aus dem Gefühl der Überlegenheit streckt er der Vorgesetzten sein Kinn entgegen. Damit wirkt er blasiert und scheint nicht bereit einzulenken.

Der eigene Weg: Eine Schneise wird geschlagen

Bei Auftritten im Berufsleben ist es gerade für Führungskräfte wichtig, Sicherheit zu vermitteln. Eine unsichere Ausstrahlung ruft schnell Widerspruch hervor und lässt Zweifel an der Kompetenz aufkommen. Damit entstehen Schäden auf der Beziehungsebene: Es entsteht Konfusion, wenn das von der Hierarchie klar definierte Verhältnis Vorgesetzter-Mitarbeiter im persönlichen Kontakt nicht von Anfang an widergespiegelt wird.

Beim ersten Mitarbeiterkontakt sollte Akzeptanz entstehen

Der erste Auftritt eines neuen Vorgesetzten dient nicht dazu, das Verhältnis zu den Mitarbeitern schon umfassend festzulegen. Schließlich ist am Anfang der individuelle Arbeitsstil der Mitarbeiter noch nicht bekannt. Der Vorgesetzte weiß noch nicht um die Stellung des Mitarbeiters im Kollegenkreis. Persönliche Vorlieben sind ebenso unbekannt wie besondere fachliche Stärken. Wichtig ist beim ersten Kontakt jedoch, dass Akzeptanz entsteht. Die Beziehungsebene darf keine Risse bekommen, da diese später nur schwer zu kitten sind.

Eine Schneise in das Geflecht der noch unbekannten Beziehungsstrukturen lässt sich am besten durch Selbstbewusstsein erreichen. Allerdings heißt dies nicht, sich ohne Not mit der Machete durchzuschlagen, statt auf gangbare Pfade zu achten. Sonst wird man früher oder später die Orientierung verlieren oder aus Unachtsamkeit abstürzen. Erkunden Sie als neue Führungskraft vorsichtig, aber ohne Scheu das neue Terrain. Beobachten Sie aufmerksam, um schnell reagieren zu können.

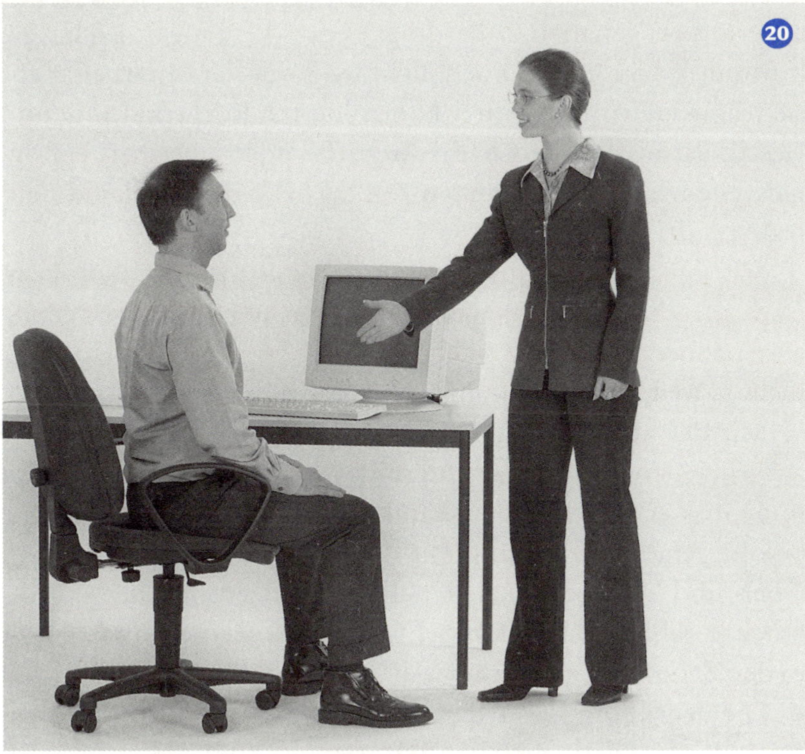

Ein Friedensangebot

Kontrolliertes, freundliches Auftreten

Die neue Vorgesetzte auf Foto 20 tritt sehr kontrolliert auf. Sie begegnet dem Mitarbeiter mit einer betont geraden Haltung. Der Kopf ist nur ganz leicht vorgeneigt, wie bei einem freundlichen Zunicken. Um das Gespräch aufzunehmen, begibt sich die Vorgesetzte in die Kontaktzone, bleibt aber sehr deutlich von der Intimsphäre des Mitarbeiters entfernt.

Sie streckt dem Mitarbeiter die offene rechte Hand entgegen. Dabei öffnet sie die Handfläche mehr, als dies für einen normalen Handschlag notwendig wäre. Diese Geste signalisiert Kooperationsbereitschaft und freundliches Entgegenkommen. Um Revierverletzungen auszuschließen, wahrt die neue Chefin auch ausreichend Abstand zum Schreibtisch des Mitarbeiters. Der linke Arm betont die kontrollierte Haltung, er wird gerade am Körper gehalten. Allerdings sind die Finger leicht gekrümmt, da die Chefin noch nicht weiß, wie der Mitarbeiter auf sie reagieren wird. Mit ihrer kontrollierten Körperhaltung und Gestik vermeidet die Chefin Angriffs- oder Unsicherheitssignale. Sie wählt für den ersten Kontakt einen weitgehend neutralen Auftritt.

Signalisieren Sie Entgegenkommen

Mit ihrer Beinstellung kombiniert sie Stand- und Spielbein. Dadurch erhält sie ihre Beweglichkeit. Die Füße stehen weit genug auseinander, um einen sicheren Stand zu gewährleisten, aber nicht so weit, dass sie Dominanzstreben vermuten lassen würden.

Mit der ausgestreckten Hand schiebt sich die Vorgesetzte zwischen den Mitarbeiter und seine momentane Tätigkeit. Damit muss er seine Aufmerksamkeit voll auf sie richten. Seine betont gerade Sitzhaltung mit dem 90-Grad-Winkel zwischen Ober- und Unterschenkel signalisiert Konzentration. Der Mitarbeiter geht in eine »Hab-Acht-Stellung«. Seine Hände hat er in den Schoß gelegt, er wartet die weitere Entwicklung ab.

Die Begrüßungsgeste der Chefin zeigt nicht nur Kooperationswillen, sondern auch den Wunsch nach persönlichem Kontakt. Der Mitarbeiter wird sich dazu veranlasst sehen, aufzustehen und seiner neuen Vorgesetzten die Hand zur Begrüßung zu reichen. Diese indirekte Aufforderung zum Aufstehen nivelliert das Autoritätsgefälle: Mit dem Aufstehen des Mitarbeiters entgeht die Vorgesetzte der Gefahr, von oben auf ihn herabzusehen und ihn damit in eine Abwehrhaltung zu drängen.

Eine kooperative Begrüßungsgeste

Auf dem Foto 21 ist der Mitarbeiter aufgestanden. Die Vorgesetzte hat das linke Bein etwas weiter nach hinten gestellt, um

Kooperationswille

die Körperhaltung leicht zu öffnen. Damit geht sie einer frontalen Begegnung mit ihrem neuen Mitarbeiter aus dem Weg.

Beim Mitarbeiter ist die Skepsis der neuen Chefin gegenüber deutlich sichtbar. Er hat den Oberkörper von ihr weggeneigt. Beide Hände liegen vor der Hüfte und befinden sich in Alarmbereitschaft für eventuell notwendige Abwehrmaßnahmen. Der Stand des Mitarbeiters mit nach außen weisenden Fußspitzen zeigt das Verwurzeltsein mit seinem Arbeitsplatz. Bei einer im Lot gehaltenen Körperachse würde diese Fußstellung signalisieren: »Ich bin nicht bereit, mich zu bewegen oder zu verändern.« Da der Mitarbeiter jedoch etwas vor der Chefin zurückweicht, wird er eher eine Verankerung gegen Unsicher-

Überwinden Sie die anfängliche Skepsis

heit aufbauen wollen, als sich in eine Blockadehaltung zu begeben. Trotz des zurückgenommenen Oberkörpers steht der Mitarbeiter seiner neuen Chefin zugewandt gegenüber. Er hält den Blickkontakt und registriert mit leicht zugekniffenen Augen aufmerksam ihre Rede.

Verlässlichkeit wird vermittelt, ohne zu bedrängen

Die Vorgesetzte bleibt bei ihrer betont geraden Körperhaltung, sie sieht den Mitarbeiter auch geradeheraus an. Der Abstand zwischen den beiden Personen bleibt gewahrt. Die Chefin ist sogar etwas nach hinten getreten. Im Großen und Ganzen behält sie jedoch ihren Standpunkt bei und vermittelt dem Mitarbeiter dadurch Verlässlichkeit. Trotz des zurückweichenden Verhaltens des Mitarbeiters verzichtet sie darauf nachzurücken. Sie setzt ihn nicht unter Druck und gibt ihm den Freiraum, sich unbedrängt ein eigenes Bild zu machen.

Die auf Taillenhöhe gehaltenen offenen Handflächen setzt die Vorgesetzte bewusst ein, da sie das unsichere und skeptische Verhalten des Mitarbeiters wahrgenommen hat. Sie unterstreicht noch einmal ihren Kooperationswillen. Der Mitarbeiter kann erkennen, dass sie ihn nicht mit neuen Forderungen erschlagen will. Mit den nah am Körper gehaltenen Händen lässt sie gar nicht erst den Verdacht aufkommen, dem Mitarbeiter nahe treten zu wollen.

Die Bitte um Unterstützung

Um den Mitarbeiter auf die Sachebene hinzuführen, bittet sie ihn, unterstützt durch die offenen Handflächen, ihr Informationen über laufende Projekte zu geben. Damit führt sie den Mitarbeiter auf für ihn vertrautes Gebiet. Auf diese Weise kann er seine Unsicherheit besser ablegen.

Diese Chefin hat Störungen der Beziehungsebene nicht zugelassen. Ihr Verhältnis zum neuen Mitarbeiter ist ungetrübt. Dadurch ist ein ergebnisorientiertes Arbeiten auf der Sachebene möglich geworden.

Auf dem Foto 22 sitzt der Mitarbeiter wieder an seinem Arbeitsplatz. Besonders an seiner Mimik ist abzulesen, dass er sich jetzt wieder sicher in seinem Element fühlt. Er hat die neue Vorgesetzte akzeptiert. Statt eines unproduktiven Kampfes um die Oberhand im Gespräch ist eine kooperative Atmosphäre entstanden. Der Mitarbeiter erläutert seiner Vorgesetzten seinen Arbeitsbereich und einige Aufgaben im laufenden Projekt.

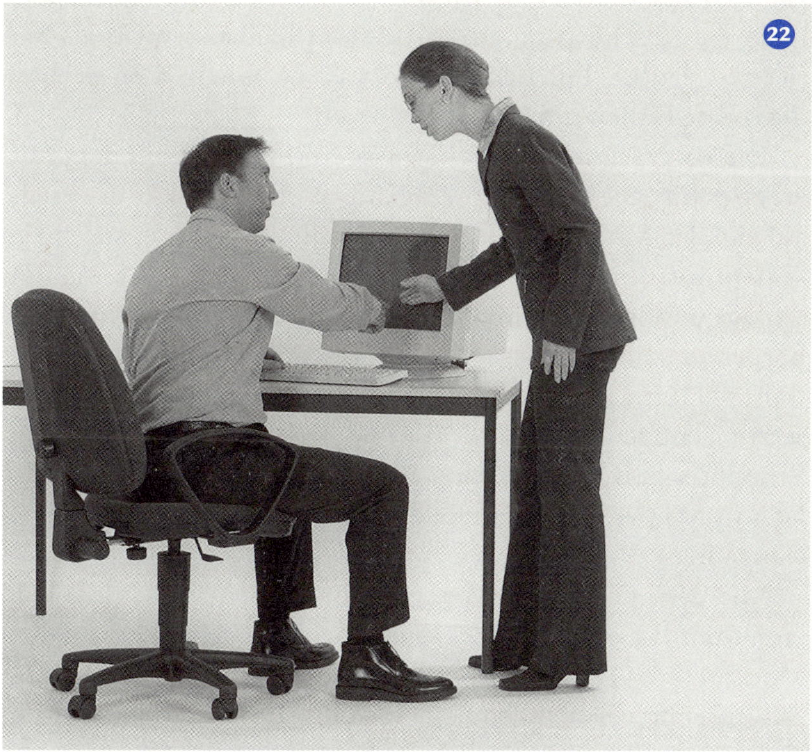

Die persönliche Abstimmung

Vermitteln Sie Wertschätzung

Die bisherige Gesprächsführung der Chefin mit der von ihr eingesetzten Körpersprache hat die unterschiedlichen Verantwortungsbereiche von Mitarbeiter und Vorgesetzter bestätigt. Sie hat ihm vermittelt, dass sie ihn schätzt und nicht in seinen Arbeitsbereich eingreifen wird. Damit fällt es dem Mitarbeiter auch leichter, die Position der neuen Vorgesetzten als Führungskraft anzuerkennen.

Seine Akzeptanz dokumentiert der Mitarbeiter auch dadurch, dass er hingewandt zur neuen Chefin sitzt. Die linke Hand liegt locker auf der Tastatur auf, eine Faust ist nicht zu sehen. Mit der rechten Hand weist der Mitarbeiter auf eine besondere Information auf dem Monitor hin. Die sich daraus ergebende Schranke zwischen ihm und der Chefin dient jedoch nicht der Abschottung, ist körpersprachlich also nicht als Barriere zu deuten. Für Rechtshänder ist es üblich, dass sie auch die rechte Hand zum Zeigen benutzen.

Der Einklang von Vorgesetzter und Mitarbeiter

Die Vorgesetzte arbeitet bewusst auf Einklang mit dem Mitarbeiter hin. Sie legt ihren Zeigefinger ebenfalls auf die Stelle, auf die der Mitarbeiter hinweist. Dadurch bestärkt sie ihn in seinen Ausführungen und macht deutlich, dass sie seine Vorschläge und Ideen nachvollziehen kann. Unterstützt wird diese körpersprachliche Aussage durch die zum Mitarbeiter hingewandte Fläche ihrer rechten Hand. Immer noch hält die Vorgesetzte genügend Abstand zum Mitarbeiter und zu seinem Schreibtisch. Ihre Berührung des Monitors ist keine Revierverletzung, da der Mitarbeiter sie vorher auf diesen Punkt hingewiesen hat.

Halten Sie den Blickkontakt

Mit dem Oberkörper beugt sich die neue Chefin sowohl zum Mitarbeiter als auch zu seinen Arbeitsergebnissen auf dem Monitor hin. Dieses körpersprachliche Zuneigen signalisiert Einvernehmen. Auch den Blickkontakt zum Mitarbeiter behält sie bei. So kann sie auch kleinste Veränderungen in der Mimik erkennen und Schlüsse für ihre spätere Führungspraxis ziehen. Beispielsweise kann sie dann wahrnehmen, bei welchen Projektaufgaben sich sein Gesicht verfinstert, wo er Begeisterung ausstrahlt und wo er versucht, Zweifel zu überspielen.

Um den ersten Kontakt in Ruhe zu einem positiven Abschluss zu bringen, hat die Vorgesetzte auf dem Foto 23 einen Stuhl vom Nachbararbeitsplatz herangezogen und sich hingesetzt. Wäre sie stehen geblieben, hätte sich der Mitarbeiter womöglich doch noch unter Druck gesetzt gefühlt. Wäre der

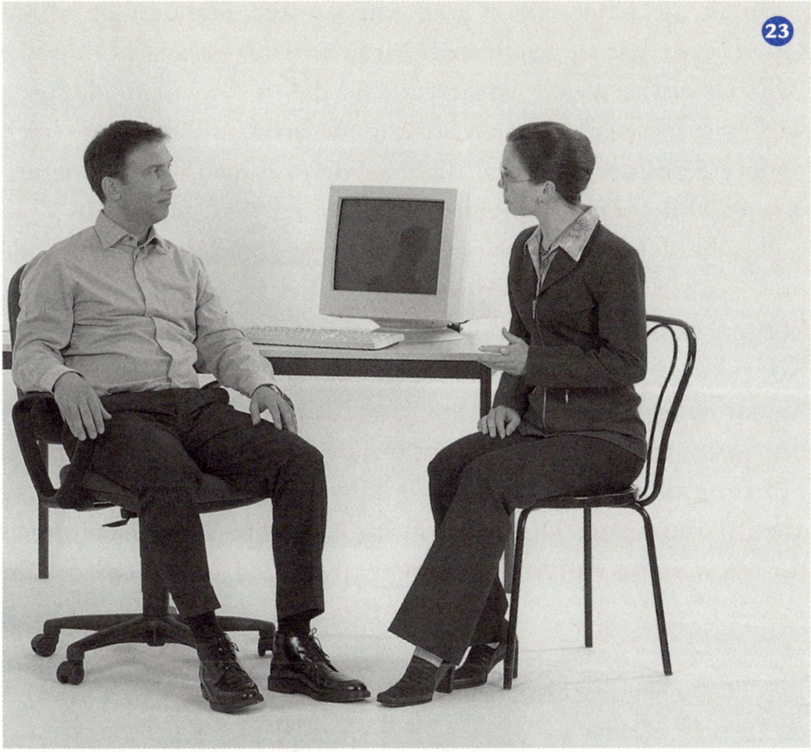

Der Zusammenschluss

Mitarbeiter ebenfalls aufgestanden, hätte sich eine Abschiedsstimmung ergeben. Der Kontakt hätte abreißen können, obwohl wichtige Punkte noch nicht angesprochen wurden.

Durch die Fortführung des Gespräches im Sitzen beruhigt sich die Situation weiter. Der Mitarbeiter macht seine Entspannung mit seiner Sitzhaltung deutlich. Er sitzt jetzt stärker zurückgelehnt als zuvor. Er zeigt jedoch, dass das Gespräch mit seiner neuen Chefin ihm keinesfalls egal ist. Weder rutscht er im Stuhl nach vorne, noch »lümmelt« er in anderer Weise auf dem Stuhl herum. Seine beiden Hände liegen entspannt auf dem Oberschenkel beziehungsweise auf der Stuhllehne auf. Der Mitarbeiter wirkt zufrieden, innere Spannungen sind nicht sichtbar.

Eine entspannte Gesprächssituation

Auch die Chefin sitzt mit entspannten Händen da, ihren Oberkörper hat sie leicht dem Mitarbeiter zugeneigt. Das linke Bein ist etwas weiter vorgesetzt als das rechte Bein, dadurch wirkt sie, als sei sie auf dem Sprung. Wahrscheinlich hat sie noch andere Termine. Dennoch sucht sie den ruhigen und kooperativen Abschluss des Gespräches mit ihrem neuen Mitarbeiter.

Ein gelungener Erstkontakt

Da sie sich versichert hat, dass keine Widerstände gegen sie oder die Arbeitsaufgaben beim Mitarbeiter zu erkennen sind, könnte sie an dieser Stelle das Gespräch beenden. Der erste Kontakt ist ihr gut gelungen. Die Basis für eine gute Zusammenarbeit ist geschaffen. Das erste Bild des Mitarbeiters von ihr ist zumindest von Akzeptanz bestimmt. Im kommenden Führungsalltag wird sich ihr Verhältnis zum Mitarbeiter weiter ausdifferenzieren. Dieser gute Start hat die Voraussetzungen für ein weiteres Aufeinanderzugehen geschaffen.

Authentische Vorgesetzte

Übung

Erfolgreiche Treffen mit Mitarbeitern im beruflichen Alltag hängen von Ihrer ausgestrahlten Kongruenz und Authentizität ab. Sie sollten Ihre Wahrnehmung dafür schulen, mit welcher Körpersprache ein überzeugender Auftritt gelingt.

Beobachten Sie Vorgesetzte in Ihrem beruflichen Umfeld. Versuchen Sie, die Körpersignale den vermuteten Absichten gegenüberzustellen. Erraten Sie, was die Führungskraft bezweckt und wie sie sich verhält, um ihre Ziele zu erreichen.

Differenzieren Sie nach Situationen im Führungsalltag. Beschreiben Sie die eingesetzte Körpersprache. Benennen Sie die körpersprachlichen Signale, die besonders überzeugend wirkten, und diejenigen, die der Glaubwürdigkeit der Führungskraft am meisten geschadet haben.

Situation: **Anweisung an Mitarbeiter**
Beobachtete körpersprachliche Signale
Mimik: ....
Gestik: ....
Haltung: ....
Revierverhalten: ....
Stimme: ....

Besonders überzeugend hat gewirkt: ....
Zweifel erweckt hat: ....

Situation: **Begrüßung von Kollegen**
Beobachtete körpersprachliche Signale
Mimik: ....
Gestik: ....
Haltung: ....
Revierverhalten: ....
Stimme: ....

Besonders überzeugend hat gewirkt: ....
Zweifel erweckt hat: ....

Situation: **Umgang mit Kunden/Besuchern/ Lieferanten**
Beobachtete körpersprachliche Signale
Mimik: ....
Gestik: ....
Haltung: ....
Revierverhalten: ....
Stimme: ....

Besonders überzeugend hat gewirkt: . . . .
Zweifel erweckt hat: . . . .

Auf einen Blick

Im Blick

Der erste Eindruck: Die neue Chefin tritt an

- Der erste Eindruck am neuen Arbeitsplatz kann entscheidende Weichen stellen. Mitarbeiter orientieren ihr zukünftiges Verhalten an dem Auftritt der neuen Führungskraft.
- Soft Skills, wie beispielsweise Kommunikationsfähigkeit, Teamfähigkeit, Motivationsfähigkeit, werden ganz wesentlich über die Körpersprache vermittelt.
- Um sich Respekt zu verschaffen, ohne Mitarbeiter vor den Kopf zu stoßen, müssen Sie auf die Kongruenz zwischen Ihren Wortäußerungen und Ihren körpersprachlichen Signalen achten.
- Ein unsicherer Auftritt hinterlässt Konfusion. Die Mitarbeiter wissen nicht, was vom neuen Chef zu erwarten ist und wie sie ihm begegnen sollen.
- Bei einer gestörten Beziehungsebene werden fachliche Auseinandersetzungen erschwert.
- Vorgesetzte, die sich allein auf die Firmenhierarchie und das Autoritätsgefälle verlassen, wirken nicht überzeugend.
- Aggressives Vorgehen schüchtert Mitarbeiter ein und untergräbt deren Eigeninitiative. Anerkennung ist mit aggressivem Verhalten nicht zu gewinnen.
- Auch wenn der Vorgesetzte Arbeitsergebnisse absegnen muss, erlaubt ihm dies keine Revierverletzung beim Mitarbeiter.
- Ein kontrollierter Auftritt ist die beste Möglichkeit, Eintrübungen der Beziehungsebene zu vermeiden.

- Das Gespräch sollte immer auf der gleichen Ebene, entweder im Stehen oder im Sitzen, geführt werden.
- Nach einer souveränen Begrüßung ist der Wechsel auf die Sachebene günstig, um den Mitarbeiter auf vertrautes Terrain zu locken.
- Eine genaue Beobachtung des Mitarbeiters bei der Erläuterung von Arbeitsergebnissen lässt erste Schlüsse auf seine Stärken und Schwächen zu.
- Ein guter Start schafft die Voraussetzungen für eine produktive Arbeitsatmosphäre.

6

Motiviert zum Ziel: Führung mit Feedback

Im Führungsalltag müssen ständig Anweisungen gegeben werden, um Zielvorgaben erfüllen zu können. Führungskräfte, die im Gespräch mit Mitarbeitern deren Körpersprache nicht beachten, können sich nicht sicher sein, dass sie wirklich durchgedrungen und verstanden worden sind. Monologe ohne Feedback und Verständniskontrolle setzen Fehlentwicklungen in Gang, die später mühsam korrigiert werden müssen. Machen Sie sich vertraut damit, die Körpersprache Ihrer Mitarbeiter zu beachten und ihnen durch Ihre Körpersprache Wertschätzung entgegenzubringen.

Autoritärer/antiautoritärer Führungsstil

Nicht ohne Grund gibt es unzählige theoretische Modelle zur richtigen Führung und zum effektiven Führungsstil – und eine entsprechende Menge an Literatur dazu. Das Anleiten von Mitarbeitern durch Befehl und Anordnung hat sich als ineffizient erwiesen. Der autoritäre Führungsstil führt nur dazu, dass Mitarbeiter sich auf den Dienst nach Vorschrift zurückziehen. Dann liegt das Potenzial von Mitarbeitern brach und steht dem Unternehmen nicht zur Verfügung.

Eine zu weiche Führung vernachlässigt dagegen die Strukturierung von Arbeitsabläufen und die Kontrolle von Ergebnissen. Schnell kocht dann jeder Mitarbeiter sein eigenes Süppchen. Es entsteht Konfusion, in der die Zielvorgaben nicht mehr umgesetzt werden können.

Souveräner Führungsstil

Als effektiver und effizienter Führungsstil hat sich das Führen durch Zielvereinbarungen erwiesen. Das »Management by Objectives« (MbO) hat viele Anhänger gefunden. Die analytische Zergliederung von Zielvorgaben in einzelne Arbeitsschritte bereitet somit den meisten Führungskräften keine Schwierigkeiten. Probleme ergeben sich immer nur bei der Vermittlung der Aufgaben: Wenn sie die eigene Körpersprache nicht beachten, wirken Führungskräfte oft inkongruent, weil ihre Körpersprache etwas anderes aussagt als ihre Rede. Die körpersprachlichen Signale wirken aber zumeist stärker auf die Mitarbeiter als die Wortäußerungen, sodass letztendlich doch der Eindruck eines eher autoritären oder zu weichen Chefs entsteht.

Management by Objectives

Oft wird der gut gemeinte Einsatz theoretischer Führungsmodelle auch dadurch torpediert, dass die Äußerungen der Mitarbeiter nicht in ihrer Gesamtheit wahrgenommen werden. Ein »Mach ich, Chef!« heißt nicht notwendigerweise: »Ich habe verstanden, worum es geht. Ich werde mich an die Erledigung der übertragenen Aufgaben machen, bei Unklarheiten oder auftretenden Problemen Rücksprache halten, meine Arbeitsergebnisse mit anderen abstimmen und zum vereinbarten Zeitpunkt eine Erfolgsbilanz vorlegen.«

Hier hilft die Analyse der Körpersprache. Mit einer geschulten Wahrnehmung kann bei der Besprechung von Arbeitsaufgaben Zustimmung überprüft, Unsicherheit erkannt und Ablehnung festgestellt werden. So kann rechtzeitig gegengesteuert und das Arbeitsergebnis sichergestellt werden.

Unsicherheit und Ablehnung rechtzeitig erkennen

Der reine Austausch von Worten – eine Anweisung und die Replik vom Mitarbeiter – führt noch nicht zu dem erwünschten Verhalten. Der Einsatz der Körpersprache ist besonders wichtig, da über die Körpersignale die Beziehungsebene definiert wird: Wie stehen Vorgesetzter und Mitarbeiter zueinander? Ist der Wille vorhanden, an einem Strang zu ziehen? Fühlt sich der Mitarbeiter unter Druck gesetzt?

Neben der Analyse der Körpersprache anderer müssen Vorgesetzte daher auch die eigene Körperwahrnehmung schulen. Sendet die Führungskraft körpersprachliche Signale, die der Mitarbeiter als Angriff oder Geringschätzung seiner Person empfindet, wird die Beziehungsebene empfindlich gestört. Da aufgrund der hierarchischen Struktur ein direkter Gegenangriff des Mitarbeiters unwahrscheinlich ist, wird er sich in eine Blockadehaltung zurückziehen. Die Auswirkungen dieser Blockadehaltung werden oft erst später deutlich. Dann sind Arbeitsprozesse bereits empfindlich gestört. Die Führungskraft ist dann gezwungen, Schadensbegrenzung zu betreiben. Die vorausschauende Gestaltung von Arbeitsabläufen und Prozessen zur Ergebnisfindung ist nur noch schwer möglich.

Beziehungs- und Sachebenen aktiv gestalten

Gestalten Sie als Führungskraft die Beziehungsebene genauso aktiv wie die Sachebene. Unsere Fotobeispiele sensibilisieren Sie für körpersprachliche Mitteilungen beider Seiten. Sowohl das Verhalten des Mitarbeiters als auch das des Vorgesetzten beeinflusst die Kommunikation und damit das gegenseitige Verständnis. Zuerst werden Sie sehen, dass die mangelnde Aufmerksamkeit eines Vorgesetzten für körpersprachliche Signale den Arbeitswillen seiner Mitarbeiterin blockieren kann. Danach zeigen wir Ihnen, wie eine gute Kontaktpflege aussehen kann. Ein Vorgesetzter, der seiner Mitarbeiterin umfassende Beachtung schenkt, kann mit einer höheren Arbeitsmotivation rechnen.

Schenken Sie umfassende Beachtung

Schlechte Mitarbeiterpflege: Die Bremsen blockieren

Nur aus einem sicheren Stand lässt sich flexibel auf die unterschiedlichen Anforderungen im Führungsalltag eingehen. Die

Verantwortung von Führungskräften erstreckt sich nicht nur auf die Sicherstellung der Informationsweitergabe und der Erledigung von Arbeitsaufgaben. Führungskräfte tragen auch die Verantwortung für die von ihnen gegebenen Anordnungen. Damit haben sie eine Bringschuld ihren Mitarbeitern gegenüber. Die Gestaltung der Kommunikationsprozesse gehört mit zu den Führungsaufgaben. Dies gilt auch für den persönlichen Kontakt zu den Mitarbeitern.

Führen heißt persönlichen Kontakt pflegen

Der Versuch, durch Befehl und Anordnung zu führen, hat negative Konsequenzen sowohl für die Beziehungs- als auch für die Sachebene. Durch die Störung der Beziehungsebene kommt es entweder zu einem ängstlich-eingeschüchterten Verhalten des Mitarbeiters oder zu Gegenangriffen. Auf der Sachebene kommt es in beiden Fällen zu unzureichenden Arbeitsergebnissen der Mitarbeiter, egal ob aus Unsicherheit oder aus Unwilligkeit.

Beim ängstlichen Verhalten wird jede Eigeninitiative im Keim erstickt; der Dienst nach Vorschrift ist die Kehrseite des autoritären Führungsstils. Kommt es zu einem Gegenangriff, ist der Vorgesetzte nur scheinbar auf der sicheren Seite, denn schließlich ist er von den Arbeitsergebnissen seiner Mitarbeiter abhängig. Blockieren diese, wird seine Erfolgsbilanz getrübt und er muss selbst Arbeiten übernehmen, die er sonst hätte delegieren können.

Führungskompetenz erfordert deshalb eine reibungslose Gestaltung der Arbeitsabläufe. Ohne die Beachtung der Beziehungsebene ist dies nicht möglich.

Die Beziehungsebene muss stimmen

Der Vorgesetzte auf dem Foto 24 gibt seiner Mitarbeiterin von vornherein keine Chance. Er zerstört von der erste Sekunde an die Beziehungsebene. Die persönliche Integrität der Mitarbeiterin ist nicht nur in Gefahr, beschädigt zu werden; dieser Chef legt es ganz direkt darauf an, die Würde seiner Mitarbeiterin zu untergraben. Er zeigt offene Feindseligkeit.

Der Zeigefinger seiner rechten Hand sticht in Richtung der Mitarbeiterin, doch damit nicht genug, er geht sogar mit gestreckem Arm gegen die Mitarbeiterin vor und zielt mit seinem Finger auf ihre Kehle. Ob der Chef diese Mitarbeiterin tatsächlich aus seinem beruflichen Umfeld entfernen möchte, wissen wir nicht. Körpersprachlich vermittelt er jedoch, dass er sie am liebsten aufspießen und auf kleiner Flamme rösten möchte.

Die Speerspitze des Unternehmens

Die Geste dieses Vorgesetzten ist eine eindeutige Angriffsgeste. Vielleicht ist ihm dies gar nicht bewusst und er hat sich diese Geste bei Lehrern, bei Ausbildern oder während seiner Bundeswehrzeit abgeschaut. Wenn ein eindeutiges Autoritätsgefälle herrscht und Gegenangriffe auszuschließen sind, unterliegen manche Menschen der Versuchung, auf Schwächere loszugehen. In Situationen, in denen sich Untergebene vieles oder gar alles gefallen lassen müssen, kommen diese Menschen dann eine Zeit lang mit ihren Aggressionstendenzen durch.

Führungskräfte müssen die Mitarbeiter bei der Stange halten

Im Berufsleben werden sich Mitarbeiter einen solchen Führungsstil jedoch auf Dauer nicht gefallen lassen. Man lässt diesen Chef dann auflaufen, geht in die innere Kündigung oder wechselt das Unternehmen. Wegen dieser Folgen ist die Führung durch Befehl und Anordnung bei Unternehmen auch in Misskredit gefallen: Eine zu hohe Fluktuation oder Störungen von Arbeitsabläufen durch Blockade oder innere Kündigung kosten die Unternehmen viel Geld. Von Führungskräften wird daher erwartet, dass sie fachlich gute Mitarbeiter bei der Stange und im Unternehmen halten können.

Diese theoretischen Ausführungen nützen der betroffenen Mitarbeiterin in der konkreten Situation aber nichts. Für sie geht es vorrangig darum, ihre Haut zu retten. Der aufkommende Stress unterdrückt jede Aufmerksamkeit für die Worte des Vorgesetzten. Mit der rechten Hand versucht sie, den Angriff abzublocken. Sie hebt abwehrend die Hand, um sich zu schützen. Mit dem rechten Bein ist die Mitarbeiterin einen Schritt zurückgetreten, und den Oberkörper beugt sie zurück, um aus der Reichweite des Angreifers zu kommen. Ängstlich und mit weit aufgerissenen Augen blickt sie ihren Chef an.

Stress blockiert die Aufmerksamkeit

Die Beziehungsebene ist durch diese Geste des Vorgesetzten so verwüstet, dass auch die Brücke zur Sachebene zerstört wurde. Auf Wortäußerungen oder gar Anweisungen des Vorgesetzten kann die Mitarbeiterin momentan nicht eingehen, da sie vollauf mit der Konfusion ihres Gefühlslebens beschäftigt ist. Furcht und Stress machen uns unfähig, die Sachebene zu beachten, da wir mit Flucht- oder Angriffsgedanken vollauf beschäftigt sind.

Den direkten Angriff auf seine Mitarbeiterin hat der Vorgesetzte auf dem Foto 25 abgebrochen. Dennoch macht er weiter mit der Verwüstung der Beziehungsebene. Angriffslustig versucht er der Mitarbeiterin mit Hinweisen auf schriftliche Notizen einen Sachverhalt klarzumachen. Die Unterlagen streckt er weit von seinem Körper weg und dringt mit ihnen in die Intimsphäre der Mitarbeiterin ein.

Vermeintliche Objektivität von Unterlagen

Seine kommunikative Unfähigkeit hat ihn anscheinend dazu bewogen, auf Schriftstücke zur Erläuterung zurückzugreifen. Wahrscheinlich ist schon häufiger eine Anweisung von ihm nicht beim Adressaten angekommen. Da er sich selbst nicht eingestehen will, dass dies an seiner Art, Anweisungen zu geben, liegen könnte, zieht er sich jetzt auf schriftliche Unterlagen zurück. Man hört ihn förmlich ausrufen: »Hab ich es Ih-

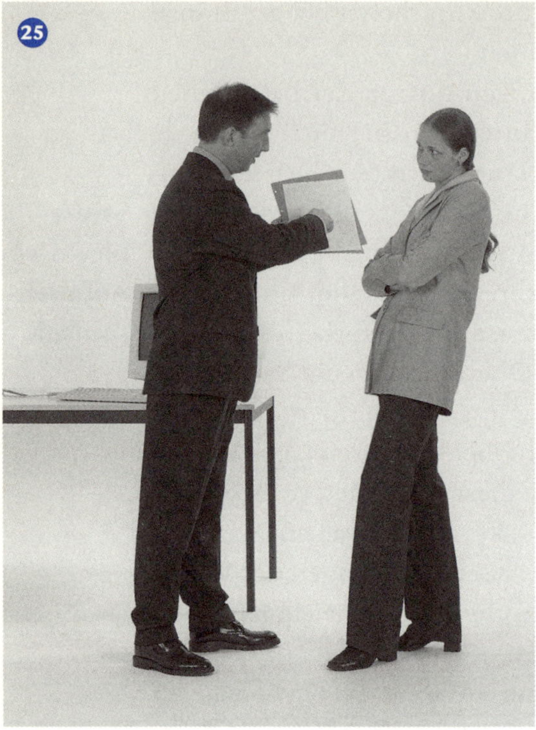

Sinnlose Flucht in Unterlagen

nen nicht gesagt!« Ehrlicherweise müsste er aber zugeben: »Hier steht das, was ich Ihnen hätte sagen sollen.«

Die Mitarbeiterin hat den ersten Schock des Angriffs zwar überwunden, scheint aber nicht bereit einzulenken. Mit vor der Brust verschränkten Armen lässt sie die Worte des Chefs förmlich an sich abprallen. Die hochgezogene linke Schulter zeigt, dass sie weitere Angriffe erwartet. Ihr schief gelegter Kopf wiegt ihren Gesprächspartner in Sicherheit, da man darin eine Unterwerfungsgeste erkennt. Ein anderes körpersprachliches Signal macht jedoch deutlich, dass die Mitarbeiterin nicht bereit ist aufzugeben: Auf ihrer Stirn bilden sich senkrechte Falten. Sie sieht ihren Vorgesetzten mit zusammengekniffenen Augen an. Obwohl sie den Oberkörper weiterhin von ihm wegbeugt, hat sie den Kopf wieder nach vorne geneigt und bietet ihm damit die Stirn.

Probleme autoritärer Führung

Ein typisches Problem der autoritären Führung wird hier körpersprachlich sichtbar: Vorgesetzte, die sehr hohen Druck auf ihre Mitarbeiter ausüben, nehmen in Kauf, dass diese nach einiger Zeit abstumpfen. Die dauernden Sticheleien des Chefs führen bei den Mitarbeitern (die noch nicht gegangen sind) nach und nach zu einem dicken Fell. Hinzu kommt, dass die dauernde Kampfstimmung ebenfalls zu einer Gewöhnung führt und die Mitarbeiter aus ihrer Verteidungsstellung heraus auf Schwächen des Vorgesetzten warten, um ihrerseits Teilsiege zu erringen. Es geht dann nicht mehr darum, gemeinsam auf der Sachebene an beruflichen Aufgabenstellungen zu arbeiten. Die Energie von Chef und Mitarbeitern erschöpft sich darin, Grabenkämpfe auf der Beziehungsebene auszutragen.

Offene Kampfsituation

Es kommt zum Kampf: Die Mitarbeiterin hat sich auf dem Foto 26 aus der Defensive befreit und geht gegen ihren Chef vor. Um Anweisungen oder Arbeitsergebnisse geht es schon lange nicht mehr, die Auseinandersetzung ist in vollem Gang.

Obwohl die Hierarchie dem Vorgesetzten einen Autoritätsbonus gibt, nützt ihm dieser wenig. Ein Chef, der nicht zuhören kann und keinerlei Kompromissbereitschaft zeigt, muss damit rechnen, dass Mitarbeiter früher oder später nicht mehr bereit sind, ihm zu folgen. Auch sehr geduldige Mitarbeiter gehen irgendwann zum Gegenangriff über, um sich ihrer Haut zu erwehren.

Die Mitarbeiterin hält den Kopf gesenkt und ist bereit, die Konfrontation anzunehmen. Im Gegensatz zu vorher neigt sie sich in ihrer Haltung dem Vorgesetzten zu und weicht nicht mehr ängstlich zurück. Beide Hände sind zur Faust geballt, die Unterarme werden leicht angewinkelt, um sich zum Schlag bereit zu machen. Die Art, wie die Mitarbeiterin die Fäuste ballt, zeigt klar, dass sie bereit ist, zum Angriff überzugehen. Anders als beim Ballen der Fäuste aus Unsicherheit oder Verspannung liegt der Daumen nicht ausgestreckt auf der Faust, sondern wird angewinkelt, damit er bei einem Schlag nicht umknicken kann: Der Boxkampf kann beginnen.

Eigentlich sollten ihre Fäuste den Chef ermahnen, Vorsicht walten zu lassen. Doch trotz des Gegendrucks versucht er immer noch, seine Führungsposition zur Einschüchterung der Mitarbeiterin zu missbrauchen. Sein ganzer Körper neigt sich ihr bogenförmig zu, um ihr zu vermitteln, dass er keiner Konfrontation aus dem Weg gehen wird. Den Kopf streckt er besonders weit vor, um ihr zu zeigen, dass er keinen Respekt vor ihren Schutzzonen hat. Jeden Moment können die Kontrahenten mit den Köpfen zusammenstoßen.

Die Situation droht zu eskalieren

Um sich mehr Gewicht in der Kampfsituation zu verschaffen, versucht der Chef sich aufzuplustern. Er stemmt die Hände in die Hüften, um beeindruckender aufzutreten. Die Situation wird langsam schwierig für ihn. Die Mitarbeiterin könnte eine Niederlage auch einfach hinnehmen, ohne das Gesicht zu verlieren, da sie formal sowieso in der schwächeren Position ist. Der Vorgesetzte steht aber unter dem Druck, sich durchsetzen zu müssen. Seine Autorität wäre endgültig untergraben, wenn er die Konfrontation mit der Mitarbeiterin verliert.

Auf dem Foto 27 hat der Vorgesetzte die Auseinandersetzung verloren gegeben. Um sein Gesicht zu wahren, versucht er, die Mitarbeiterin möglichst schnell aus der Konfrontationszone zu entfernen. Mit dem ausgestreckten linken Arm schiebt er sie von sich.

Ein autoritärer Führungsstil hat seine Grenzen

Das Problem vieler autoritärer Vorgesetzter, dass sie in ernsthaft geführten Auseinandersetzungen unterliegen, hat auch er. Sein Führungsstil funktioniert nur so lange, wie ihm ohne Widerspruch gehorcht wird. Mit dem erhobenen Zeige- und Mittelfinger der rechten Hand droht er der Mitarbeiterin hinter ihrem Rücken. Man hört ihn förmlich sagen: »Gehen Sie endlich zurück an ihre Arbeit, sonst schneide ich Ihnen alle Karrierewege ab.«

Die Mitarbeiterin ist über die Entwicklung verblüfft. Sie lässt sich ohne großen Widerstand vom Chef abschieben. Die Fäuste hat sie geöffnet. Allerdings sind die Finger immer noch so gekrümmt, dass sie für einen Gegenangriff schnell geballt werden können. Ihr fragender Blick zeigt, dass ihr völlig unklar ist, was ihr Vorgesetzter überhaupt mit diesem Gespräch bezweckt hat. Da es nicht zu einer Aussprache gekommen ist, wird die Mitarbeiterin bestenfalls so weitermachen wie bisher. Vielleicht hat sie aber auch gelernt, wie einfach es ist, den Chef auflaufen zu lassen und sich seinen Anweisungen durch »Gegenhalten« zu entziehen.

Abschiebehaft

Der Kontroll-Check: Es läuft wie geschmiert

Bei der Kommunikation zwischen Führungskräften und Mitarbeitern geht es nicht nur darum, Informationen zu vermitteln oder Arbeitsanweisungen zu geben. Vorgesetzte müssen auch sicherstellen, dass die Inhalte der Kommunikation bei dem Mitarbeiter ankommen. Nur wenn Vorgesetzte die Signale auf der Beziehungsebene richtig deuten können, wissen sie, ob sie vom Mitarbeiter verstanden worden sind.

Gespräche mit Mitarbeitern müssen nicht immer reibungslos verlaufen. Im Gegenteil, bei Gesprächen, die sehr glatt über die Bühne gehen, besteht immer die Gefahr, dass der Mitarbeiter nur mit einem Ohr hingehört hat. Das Ideal im Führungsalltag ist daher nicht Harmonie und die Vermeidung von Auseinandersetzungen. Die Kunst der Führung besteht darin, Spannungen auf der Beziehungsebene zu vermeiden, aber die Sachinformation durchzubringen. Zeigen Mitarbeiter keine Reaktionen, während sie Anweisungen empfangen, sollte dies genauso Skepsis hervorrufen, als wenn sie mit ihrer Körpersprache Widerstand ausdrücken.

Vermeiden Sie Spannungen auf der Beziehungsebene

Damit sich im Gespräch keine unnötigen Spannungen aufbauen, bleibt der Vorgesetzte auf dem Foto 28 in angemessener Distanz vor der Mitarbeiterin stehen. Weder durch die von ihm mitgebrachte Mappe noch durch Gesten verletzt er ihre Intimsphäre. Um eine Konfrontation durch ein frontales Gegenüberstehen zu vermeiden, stellt er sich seitlich zur Mitarbeiterin und baut das Gespräch langsam auf.

Unterstützung durch Visualisierung

Zusätzlich zu seinen Wortaussagen liefert der Vorgesetzte eine Visualisierung der Arbeitsanweisungen. Er hat seine Vorstellungen schriftlich fixiert und hält die Mappe mit den Informationen so, dass die Mitarbeiterin einen kurzen Seitenblick auf die Aufgabenstellung werfen kann. So kann der Vorgesetzte nach dem freundlichen Beginn des Gespräches schnell und direkt auf die Sachebene wechseln.

Die Mitarbeiterin spiegelt die gerade Körperhaltung des Chefs. Er steht betont aufrecht, um die Mitarbeiterin nicht zu Ausweichbewegungen zu zwingen. Auch die Mitarbeiterin kann sich in der für einen persönlichen Kontakt angemessenen Distanz positionieren, ohne den Oberkörper vor- oder zurückneigen zu müssen.

Eine gewisse Unsicherheit ist durchaus bei der Mitarbeiterin zu registrieren. Dies ist jedoch normal am Gesprächsanfang, da die Mitarbeiterin noch nicht weiß, worum es geht. Um Sicherheit zu gewinnen, sucht sie den Kontakt zu ihrem Revier und hält sich mit den Fingerspitzen an der Kante ihres Schreibtisches fest. Die Finger der linken Hand sind leicht gekrümmt und zeigen die leicht erhöhte Anspannung am Gesprächsanfang. Ihre Aufmerksamkeit ist jedoch voll auf den Vorgesetzten gerichtet, sie hält den Blickkontakt und hat das linke Bein etwas in seine Richtung gesetzt. Damit wendet sie ihm ihre Körperfront zu und signalisiert die Bereitschaft zuzuhören. Der leicht zur Seite geneigte Kopf drückt das Statusgefälle in der Situation aus. Die Mitarbeiterin zeigt sich zumindest am Gesprächsanfang als »Untergebene«.

Hoffnungsvoller Anfang

Auf dem Foto 29 steigt der Vorgesetzte in die Erläuterung der Arbeitsaufgaben ein. Er hat der Mitarbeiterin die Projektmappe übergeben und geht jetzt einzelne Punkte durch. Dazu verwendet er mit der linken Hand Aufzählungsgesten und weist mit dem Zeigefinger der rechten Hand auf einzelne Arbeitsschritte hin. Die Arme hält er bei seinen Gesten nah am Körper, um der Mitarbeiterin nicht zu nahe zu kommen. Seine gerade Körperhaltung modifiziert der Vorgesetzte etwas und neigt sich ganz leicht der Mitarbeiterin zu.

Diese lässt bereits leichte Anzeichen einer Verstimmung erkennen. Sie hält die Mappe bewusst zwischen sich und ihren

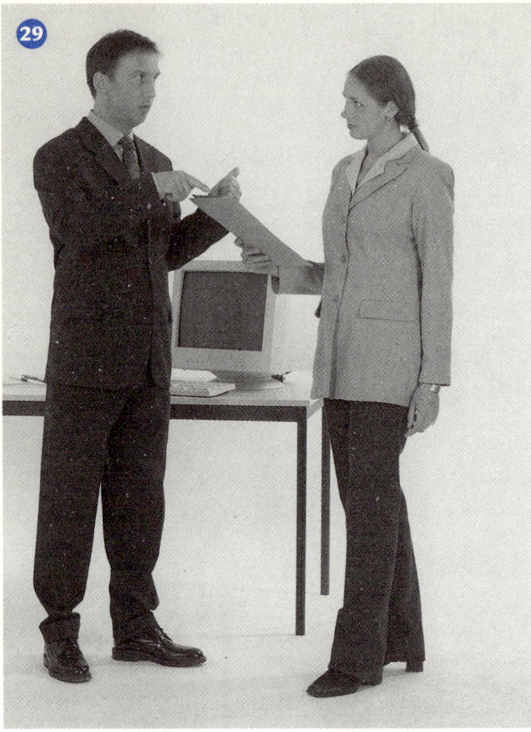

Schrittweise Anleitung

Chef. Anscheinend weist sie die neuen Aufgaben von sich und versucht, die zusätzliche Arbeit wieder zum Chef zurückzuschieben. Auf ihrer Stirn bilden sich senkrechte Falten, die Skepsis und Ablehnung signalisieren. Den Kopf hat sie leicht gesenkt. Dass die Mitarbeiterin nicht ganz einverstanden ist, ist dem Chef deutlich geworden. Dennoch bleibt die Beziehungsebene intakt, und eine Kampfstimmung kommt nicht auf. Die linke Hand der Mitarbeiterin hat sich sogar weiter geöffnet als am Anfang des Gespräches. Somit stehen keinerlei Angriffstendenzen im Raum.

Dass der Chef mit dem ausgestreckten Zeigefinger auf einzelne Punkte hinweist, ist in diesem Gespräch mit einer intakten Beziehungsebene von der Mitarbeiterin zu verkraften. Dennoch ist diese Geste ungeschickt, da der Finger nicht nur auf die Mappe, sondern an der Mappe entlang auch auf die Mitarbeiterin zielt. Es wäre besser gewesen, mit offener Handfläche auf einzelne Punkte zu verweisen. Dazu hätte der Vorgesetzte jedoch neben die Mitarbeiterin treten müssen, da er sonst mit seiner Geste die obere Hälfte des Blattes verdeckt hätte. In Anbetracht des zu erwartenden Widerstandes der Mitarbeiterin hat sich der Chef für eine distanziertere Stellung zur Mitarbeiterin entschieden.

Wählen Sie eine adäquate Position

Die Zuwendung der Oberkörper aufeinander macht deutlich, dass beide Gesprächspartner einander Aufmerksamkeit schenken und bereit sind, sich über ihre unterschiedlichen Vorstellungen auszutauschen.

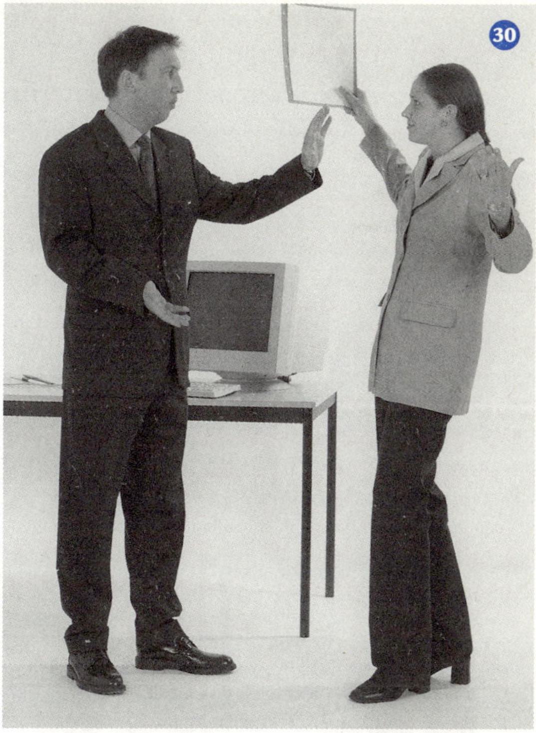

Krise im Griff

Das Foto 30 hält das Aufeinanderprallen der unterschiedlichen Meinungen, das sich schon angedeutet hatte, fest. Die Mitarbeiterin ist nicht mit den Anforderungen ihres Chefs einverstanden. Sie hält die Projektmappe mit der rechten Hand hoch und wendet die linke Hand mit erhobener Handfläche zum Himmel, als wollte sie sagen: »Wann soll ich denn das alles schaffen?!«

Mit dem Oberkörper weicht die Mitarbeiterin zurück und versucht, sich der Situation etwas zu entziehen. Nach wie vor gibt es keine starke Konfrontation, auch wenn die Mitarbeiterin ihren Unmut über die Vorstellungen ihres Chefs äußert.

So vermeiden Sie Konfrontationen

Der Vorgesetzte blockt mit der linken Hand ihre erhobene rechte Hand ab, um eine Eskalation abzubremsen und seinen Führungsanspruch im Gespräch deutlich zu machen. Er signalisiert damit rechtzeitig: »Bis hierhin und nicht weiter!« Aufgrund der Auseinandersetzung hat die Mitarbeiterin ihren Körper frontal zum Chef herumgedreht. Dieser geht jedoch nicht auf die Kampfhaltung ein und bleibt nach wie vor leicht schräg zu ihr stehen. Mit seiner rechten Hand signalisiert er Offenheit und verdeutlicht der Mitarbeiterin, dass er bereit ist, auf sie einzugehen und ein neues Angebot zu machen.

Das neue Angebot, das der Chef angekündigt hatte, vermittelt er ihr auf dem Foto 31. Die linke Hand, die er vorher zum Abblocken der Mitarbeiterin benutzt hatte, hat er nun geöffnet und präsentiert ihr die Bereitschaft zur Zusammenarbeit.

Gestärkter Zusammenhalt

Bei der Mitarbeiterin hat sich die Aufregung wieder gelegt. Sie ist einen Schritt zurückgetreten und hält die Projektmappe jetzt in beiden Händen. Damit gibt sie einen Hinweis, dass sie bereit sein könnte, die Aufgabe zu akzeptieren. Zumindest zeigt sie ihren Willen zum Arrangement mit ihrem Vorgesetzten. Momentan ist sie aber noch skeptisch und verhält sich ausweichend. Mit zurückgelehntem Oberkörper versucht sie, sich von der Aufgabenstellung zu distanzieren.

Um ein Wir-Gefühl herzustellen, zeigt der Vorgesetzte mit der rechten Hand auf sich. Er erläutert dazu der Mitarbeiterin, welche Konsequenzen die neue Aufgabe für die ganze Abteilung hat, und dass auch er selbst eine höhere Arbeitsbelastung in Kauf nehmen muss, um diese Aufgabe zu bewältigen. Zusammen mit seiner der Mitarbeiterin entgegengestreckten linken Hand signalisiert er, dass er mit ihr an einem Strang ziehen wird. Man sieht bereits erste Erfolge seiner Führungsstärke: Die senkrechten Stirnfalten bei der Mitarbeiterin sind verschwunden, und ihr Mund zeigt ein leichtes Lächeln.

Um diese ersten Zustimmungssignale zu verstärken, legt der Vorgesetzte den Kopf etwas schief, während er die Mitarbeiterin anblickt. So nivelliert er den vorhandenen Statusunterschied. Er zeigt der Mitarbeiterin, dass es ihm nicht darauf ankommt, sich auf ihre Kosten durchzusetzen. Der Mitarbeiterin wird dadurch signalisiert, dass das gemeinsame Herangehen an die Aufgabenstellung im Vordergrund steht und dass der Vorgesetzte sie unterstützen wird.

Widerstand oder Zustimmung?

Übung

Wenn Sie Arbeitsanweisungen geben, sollten Sie sicherstellen, dass Ihre Vorstellungen auch beim Mitarbeiter ankommen. Genauso wichtig ist auch, dass Sie die Kompetenz Ihres Mitarbeiters in das Gespräch einbinden. Sendet Ihr Mitarbeiter körpersprachliche Signale, die Ablehnung oder Ratlosigkeit signalisieren, sollten Sie eine Stellungnahme einholen. Eine Auswahl körpersprachlicher Signale, auf die Sie achten sollten, haben wir für Sie zusammengestellt:

- Blick zu Boden,
- verschränkte Arme,
- Reiben des Kinns,
- Griff an die Nase oder den Mund,
- Herumspielen an Schmuck oder Kleidung,
- Umklammern des Nackens mit der Hand,
- Griff an den Hals,
- Spanischer Reiter,
- Abwendung,
- Treten von einem Bein auf das andere,
- Stirnfalten,
- hochgezogene Augenbrauen.

Sehen Sie diese Signale, sollten Sie nachfragen. Nennen Sie als Grund für Ihr Nachhaken aber nicht die von Ihnen beobachteten körpersprachlichen Signale. Geben Sie Ihren Mitarbeitern das Gefühl, dass Sie besonders einfühlsam sind und eine Antenne für schwierige Situationen haben. Fragen Sie beispielsweise mit diesen Sätzen nach: »Erscheint Ihnen die Umsetzung zu schwierig?«, »Haben Sie noch Informationen für mich?«, »Gibt es aus Ihrer Sicht Probleme?« oder »Möchten Sie mir noch etwas sagen?«

Auf einen Blick

Im Blick

Motiviert zum Ziel: Führung mit Feedback

- Als Führungskraft müssen Sie darauf achten, dass Arbeitsanweisungen auch verstanden worden sind und die Bereitschaft zur Umsetzung vorhanden ist.
- Ein autoritärer Führungsstil veranlasst die Mitarbeiter, sich auf den Dienst nach Vorschrift zurückzuziehen. Eine zu weiche Führung erschwert die Strukturierung von Arbeitsabläufen und vernachlässigt die Ergebniskontrolle.
- Beim Führen durch Zielvereinbarungen muss sichergestellt werden, dass die Vereinbarungen auch beim Mitarbeiter »angekommen« sind.
- Die Analyse der Körpersprache von Mitarbeitern hilft Vorgesetzten zu erkennen, ob Zustimmung vorliegt, Unsicherheiten bestehen oder Ablehnung vorherrscht.
- Über die Beziehungsebene wird definiert, wie Vorgesetzter und Mitarbeiter zueinander stehen. Sie muss daher genauso aktiv gestaltet werden wie die Sachebene.

- Führungskräfte haben ihren Mitarbeitern gegenüber eine Bringschuld: Die Gestaltung der Kommunikationsprozesse gehört mit zu den Führungsaufgaben.
- Bei einer starken hierarchischen Struktur und einem eindeutigen Autoritätsgefälle ist die Versuchung groß, Mitarbeiter einzuschüchtern. Mitarbeiter lassen sich dies nur eine Zeit lang gefallen, dann kündigen sie oder lassen den Vorgesetzten ständig auflaufen.
- Ist die Beziehungsebene verwüstet, können sich Mitarbeiter nicht auf die Anordnungen auf der Sachebene konzentrieren.
- Eine Visualisierung von Arbeitsanweisungen hilft, den akustischen und den visuellen Aufnahmekanal des Mitarbeiters zu koppeln und Informationen nachhaltiger zu vermitteln.
- Blickkontakt und körpersprachliche Zuwendung machen deutlich, dass der Mitarbeiter aufmerksam zuhört.
- Abwehrgesten zeigen, dass der Mitarbeiter sich sperrt. Das körpersprachlich ausgedrückte Unbehagen muss angesprochen werden.
- Offene Handflächen signalisieren, dass Kooperationsbereitschaft vorhanden ist.
- Bei emotionalen Reaktionen des Mitarbeiters müssen Führungskräfte deeskalieren und den Mitarbeiter zurück auf die Sachebene führen.
- Sendet ein Mitarbeiter körpersprachliche Signale, die Ablehnung oder Ratlosigkeit ausdrücken, müssen Führungskräfte darauf eingehen und die Stellungnahme des Mitarbeiters einfordern.

7

Vom Umgang mit schwierigen Kunden: die Reklamation

Im beruflichen Alltag gibt es oft Situationen, in denen man mit Menschen zu tun hat, die ihren Ärger loswerden wollen. Eine Auseinandersetzung auf der Beziehungsebene führt nur dazu, dass die Wellen immer höher schlagen. Die Sachebene muss wieder ins Gespräch zurückgeholt werden. Lernen Sie, mit Ihrer Körpersprache in schwierigen Situationen zur Deeskalation beizutragen. Wahren Sie die Unternehmensinteressen, ohne Kunden vor den Kopf zu stoßen.

Wie man auf aufgebrachte Gesprächspartner reagiert

Emotional belastete Gesprächssituationen werden von den meisten Menschen als purer Stress empfunden. Oft ist weder klar, worum es eigentlich geht, noch wie man angemessen reagieren könnte. Dies liegt daran, dass sich Streit in Gesprächssituationen immer auf die Beziehungsebene auswirkt. Mit sachlichen Einwänden allein gelingt es nicht, die Auseinandersetzung in ein ruhigeres Fahrwasser zu manövrieren.

Die üblichen Reaktionen auf aufgebrachte Gesprächspartner sind der Gegenangriff oder das Einigeln in einer Verteidigungsstellung. Die jeweilige Verhaltenspräferenz wird dem Gegenüber körpersprachlich mitgeteilt. Da den meisten Menschen ihre Reaktion auf Angriffe nicht bewusst ist, können sie nicht steuernd eingreifen, was zur Folge hat, dass die Situation eskaliert.

Für den aufgebrachten Gesprächspartner ist es unbefriedigend, wenn er merkt, dass sich sein Gegenüber körpersprachlich verschanzt. Er sieht dann eine uneinnehmbare Festung vor sich und reagiert mit Frustration, was die Emotionalität in der Situation noch steigert. Bei der anderen Alternative, den Gegenangriffen, wird er versuchen, mehr Kampfkraft in die Waagschale zu werfen, um das Pendel zu seinen Gunsten ausschlagen zu lassen. Auch hier rückt eine Einigung in weite Ferne.

Konflikte deeskalieren

Eine Deeskalationsstrategie

Da Sie im Berufsleben Auseinandersetzungen nicht immer aus dem Weg gehen können (und dies auch nicht immer sollten), brauchen Sie eine Deeskalationsstrategie. Das bedeutet jedoch nicht, dass Sie sich stets nachgiebig verhalten sollten, um es dem anderen recht zu machen. Es geht vielmehr darum, auf der Beziehungsebene eine Art Waffenstillstand zu erreichen, damit sachliche Argumente überhaupt wieder greifen können.

Geben Sie dem Kunden Raum für seinen Unmut

Gehen Sie bei Konflikten taktisch vor: Bedenken Sie, dass Ihr Gesprächspartner ein Ventil für seine hochkochenden Emotionen braucht. Geben Sie ihm ruhig die Gelegenheit, seinem Unmut Luft zu machen. Hüten Sie sich in dieser Phase jedoch davor, die Situation weiter anzuheizen, indem Sie beispielsweise eine feindselige Haltung einnehmen oder mit Aggressionsgesten reagieren. Beobachten Sie Ihren Gesprächspartner genau. Versuchen Sie, anhand seiner Körpersprache zu ergründen, ob er die Konfrontation aus ungebremster Aggression heraus oder aus Unsicherheit sucht. Eine Barriere zum Gegenüber ist gerade in der Anfangsphase der Auseinandersetzung sinnvoll. Treten Sie hinter einen Einrichtungsgegenstand oder vergrößern Sie die Distanz zu Ihrem Gesprächspartner. Bleiben Sie aber stets auf gleicher Augenhöhe zu Ihrem Herausforderer, um dagegenhalten zu können.

Um das Gespräch aktiv führen zu können, müssen Sie nach einiger Zeit die Initiative übernehmen. Arbeiten Sie mit offenen Gesten und signalisieren Sie Verständnis. Vermeiden Sie

Mit etwas Übung kommen Sie selbst mit dem schwierigsten Kunden gut zurecht

aber, sich körpersprachlich zurückzuziehen oder Unsicherheit zu zeigen. Ein Rückzug aus der Konfrontation veranlasst einen aufgebrachten Menschen nur zum Nachsetzen. Wenn nötig, müssen Sie den Redefluss des wütenden Gesprächspartners stoppen, um sich genügend eigene Gesprächsanteile zu sichern. Blickkontakt ist in dieser Situation unbedingt notwendig, damit Sie seine körperlichen Reaktionen beachten können: Wird er unsicher? Lenkt er ein? Oder bleibt er stur?

Flexibles Gesprächsverhalten ist gefordert

Wickeln Sie das Gespräch unbedingt bis zum Ende ab. Lassen Sie die Auseinandersetzung nicht im Raum stehen. Ein flexibles Gesprächsverhalten ist dafür unabdingbar. Sehen Sie bei Ihrem Gesprächspartner die Bereitschaft einzulenken, sollten Sie eine Lösung anbieten. Können Sie die Konfrontation nicht auflösen, sollten Sie ruhig Ihre Position verteidigen. Lässt sich die Situation nicht in beiderseitigem Einvernehmen bereinigen, können Sie das Gesprächsergebnis auch vertagen. Bieten Sie an, weitere Informationen einzuholen oder andere Entscheidungsträger mit einzubeziehen.

Setzen Sie sich mit den Besonderheiten von Reklamationsgesprächen auseinander. Wir zeigen Ihnen, wie ein Einigungsversuch scheitert, weil körpersprachliche Kampfsignale gesendet werden und es keine Seite zeigen kann, dass sie zum Einlenken bereit ist. Anschließend sehen Sie, wie man eine Situation entschärfen kann und die Sachebene wieder ins Gespräch zurückholt.

Die Flammen schlagen hoch: Öl wird ins Feuer gegossen

In Reklamationsgesprächen geht es nicht darum, Störungen der Beziehungsebene zu vermeiden. Die Beziehungsebene ist bereits gestört. Es kommt nun darauf an, sie so weit zu kitten, dass ein Umstieg auf die Sachebene möglich wird. Bedenken Sie hier auch immer: Der Angriff des Kunden richtet sich nicht gegen den Firmenvertreter persönlich. Adressat der Wut oder Enttäuschung ist das Unternehmen, das als abstrakte Größe jedoch nicht fassbar ist. Daher wird der Mensch, der die Firma vertritt, für die Fehler haftbar gemacht und muss zumindest am Anfang von Reklamationsgesprächen den Blitzableiter spielen.

Der Firmenvertreter als Blitzableiter

Aus unserer Beratungspraxis

Beratung

Schuld sind immer die anderen

Wie schwer es ist, ruhig zu bleiben, auch wenn man es sich fest vorgenommen hat, erlebten wir wieder einmal in einem unserer Seminare. Ein Teilnehmer hatte bei der Vorstellung geäußert: »Manche Kunden sind eben zu blöd, um technische Zusammenhänge zu begreifen. Mir macht das aber nichts aus. Wenn man weiß, dass Kunden die meisten Probleme selbst verursachen, kann man ganz ruhig und gelassen bleiben.« Um diese Gelassenheit auf die Probe zu stellen, stellten wir mit ihm ein Reklamationsgespräch nach. In diesem Rollenspiel ging es darum, dass ein Kunde sich über ein nicht funktionierendes Gerät bei einem Vertriebsmitarbeiter – gespielt durch den Teilnehmer – beschwert.

Mit seinem ganzen Auftreten signalisierte dieser Teilnehmer: »Um Gottes willen, schon wieder so ein blöder Kunde.« Er hielt den Kopf hoch, blinzelte auf den Kunden herab und machte zur Begrüßung eine herablassende Geste mit der Hand. Üblicherweise wäre an dieser Stelle schon ein heftiger Streit ausgebrochen. Im Rollenspiel stellte sich der Kunde jedoch weiterhin dumm, ohne Angriffstendenzen zu zeigen.

Der Teilnehmer schaffte es als Vertriebsmitarbeiter nicht, die Zweifel an der Bedienungsfreundlichkeit des Gerätes zu zerstreuen, und geriet zunehmend unter Spannung. Er ballte die Hände zu Fäusten und senkte die Stirn. Als Zeichen der Ungeduld bekam er einen »dicken Hals«, er spannte die Hals- und Nackenmuskulatur stark an und wirkte wie ein Stier kurz vor dem Angriff. Noch bemühte er sich, ruhig zu bleiben. Ein leichtes Zittern in seiner Stimme verriet jedoch, dass er bald seine vorgebliche Gelassenheit verlieren würde.

Richtig vermutet: Den nächsten Einwand des Kunden quittierte er mit einem langen Monolog des Inhalts, dass das beste Gerät nichts tauge, wenn es von einem Idioten bedient werde. Einigungsvorschläge lehnte er kategorisch ab. Den Einwand des Kunden, zukünftig bei einer anderen Firma zu kaufen, beantwortete er spöttisch mit:

»Tun Sie das nur, das macht uns die Arbeit wesentlich leichter.«

Bei der Analyse des Gespräches sagte der Teilnehmer, dass er ausfallend geworden war, weil ihn der Kunde gereizt hätte. Er müsse sich schließlich nicht alles bieten lassen. Die Videoaufzeichnung zeigte ihm aber einen ganz anderen Sachverhalt: Der Kunde hatte zwar oft nachgefragt, aber kein einziges körpersprachliches Angriffssignal gesendet, weder mit der Haltung noch mit Gesten noch im Tonfall. Der Einzige, der aggressiv geworden war, war der Teilnehmer. Er hatte seine eigenen aggressiven Tendenzen auf den Kunden projiziert.

Mit diesem Ergebnis konfrontiert, sagte der Teilnehmer, dass er auch nicht sagen könnte, womit ihn der Kunde aufgebracht hätte. Er hätte sich aber ab einem gewissen Zeitpunkt stark belastet gefühlt. Diese Belastung war seine eigene körperliche Verspannung, die ihm aber nicht bewusst war. In einem Rückkopplungsmechanismus hatte ihm seine eigene Verspannung eine Auseinandersetzung beziehungsweise einen Angriff gemeldet. Die selbst aufgebaute Kampfstimmung hatte eine sachliche Auseinandersetzung unmöglich gemacht.

Fazit: Unser Körper spricht nicht nur zu anderen, sondern auch zu uns selbst. Starke Verspannungen versetzen Menschen immer in Stress. Auch wenn der Druck selbst aufgebaut wurde, neigen einige Menschen dazu, lieber auf ihre Umwelt loszugehen, als sich mit dem Abbau ihrer eigenen Körperspannung auseinander zu setzen. Das Bewusstsein der eigenen körperlichen Reaktionen ist ungemein wichtig, um einen Abgleich zwischen Selbst- und Fremdwahrnehmung herzustellen.

Brandstifterin und Biedermann

Das gesamte Auftreten der Kundin auf dem Foto 32 drückt Angriff aus. Die durch ihren Unmut hervorgerufene emotionale Überladung führt dazu, dass sämtliche Sensoren für die Angemessenheit des Auftrittes ausgeschaltet werden.

So zeigt die Kundin keinerlei Bedenken, eine Revierverletzung zu begehen. Mit der linken Hand stützt sie sich auf dem Schreibtisch des Sachbearbeiters auf und beugt sich auf ihn zu. Mit der rechten Hand hält sie ihm das zu beanstandende Produkt, ein Handy, unter die Nase und begeht damit auch eine Distanzzonenverletzung.

Denken Sie an die Sicherheitsstopps

Wenn die Emotionen hochkochen, vergessen viele Menschen die notwendigen Sicherheitsstopps bei der Annäherung an andere Menschen. Sie nehmen eine Eskalation der Situation in Kauf. Dies ist sogar bei Menschen zu beobachten, die sich ansonsten im Alltag eher umgänglich zeigen und sich anderen nur vorsichtig nähern.

Der Firmenvertreter muss den Angriff aufgrund der ihm zugewiesenen Rolle hinnehmen. Dies fällt schwer. Der Sachbearbeiter versucht es am Anfang des Gespräches mit einer Barriere, die er mit vor dem Oberkörper verschränkten Armen bildet. Er weicht im Stuhl durch Zurücklehnen aus. Die sitzende Position erlaubt ihm jedoch nur wenig Bewegungsspielraum. Dadurch, dass die Kundin steht, erhält ihr Angriff zusätzliches Gewicht, dem der Firmenvertreter im Sitzen nicht entgehen kann.

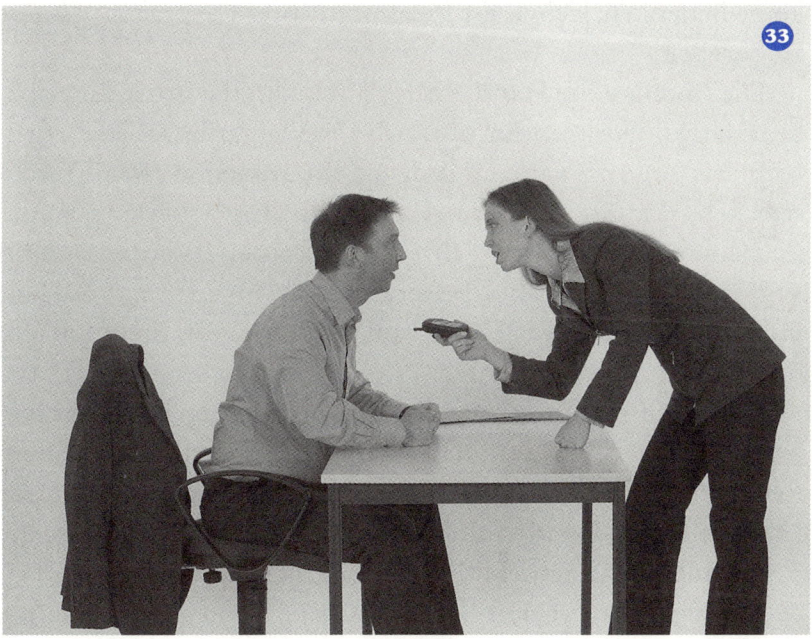

Die Zeichen stehen auf Sturm

Respekt und Höflichkeit werden außer Acht gelassen

Der Reklamationsbearbeiter bleibt auch auf dem Foto 33 sitzen und versucht es mit einem Konter. Augenscheinlich fühlt er sich mit seiner Firma im Rücken so sicher, dass er den Angriff der Kundin nicht besonders ernst nimmt.

Indem er sitzen bleibt, heizt er die Situation jedoch weiter an. Die Kundin behält das Gefühl der Überlegenheit. Sie erhält die Chance, sich in seinem Revier einzunisten und Raum zu gewinnen. Gleichzeitig wird die Kundin das Sitzenbleiben als mangelnden Respekt verstehen. Die Regeln der Höflichkeit hätten verlangt, dass er aufsteht, um sie zu begrüßen. An der Körpersprache der Kundin ist die weitere Eskalation der Situation erkennbar. Sie stützt sich nicht mehr nur mit Fingerspitzen auf der Tischplatte ab, sondern mit der Faust. Dazu hat sie sich noch weiter über den Tisch gebeugt und streckt dem Firmenvertreter ihren Kopf entgegen. Sie fühlt sich sicher und hat keine Bedenken, sich in die Reichweite ihres Gesprächspartners zu begeben.

Verpasste Chancen zur Deeskalation

Die Antenne des Handys zeigt direkt auf die Brust des Sachbearbeiters. Die Kundin nutzt das Reklamationsobjekt regelrecht als Angriffswaffe. Würde sie ihren rechten Arm durchstrecken, könnte sie das Handy in den Oberkörper des Firmenvertreters bohren. Ihren Oberkörper hält die Kundin abgesenkt, um dem Mitarbeiter in die Augen zu sehen. Sie hält ihren Kopf aber etwas höher, um weiterhin von oben auf ihn herabsehen zu können.

Der Sachbearbeiter hat sich zur Kundin vorgebeugt. Er bietet ihr die Stirn und versucht, wieder mehr Einfluss in seinem Revier zu gewinnen. Dazu hat er die Unterarme mit den zur Faust geballten Händen auf den Tisch gelegt und ist nah an die Tischkante herangerückt. Es ist ersichtlich, dass keiner der beiden Kontrahenten bereit ist, nachzugeben und auch nur einen Millimeter zurückzuweichen.

Die Aggressionsspirale

Auf dem Foto 34 haben sich die Fronten weiter verhärtet. Da inzwischen beiden Gesprächspartnern klar ist, dass es nur noch um den Sieg in der Konfrontation und nicht um einen Kompromiss in der Sache geht, sind beide etwas zurückgewichen, um bei einem Angriff nicht akut gefährdet zu sein.

Die Kundin hat das Handy im Revier des Sachbearbeiters abgelegt. Da sie inzwischen einen Teil seines Reviers für sich selbst reklamiert, hat sie es in die Tischhälfte geschoben, die sie

Grabenkämpfe

ihm noch zugesteht. Die Forderung »Kümmern Sie sich endlich darum!« unterstreicht sie mit dem ausgestreckten Zeigefinger der rechten Hand. Ihren rechten Arm hat sie inzwischen durchgedrückt, sodass er dem Mitarbeiter als Lanze für den Angriff erscheinen muss.

Der Kampf eskaliert

Auf den Beginn der Kampfhandlungen reagiert der Sachbearbeiter mit der Pistolengeste, mit der er direkt zwischen die Augen der Kundin zielt. Er versucht, die Schuld an dem Reklamationsfall der Kundin zuzuschieben. Nach wie vor gibt er ihr jedoch viel Raum für ihren Angriff und hat bereits einen Teil seines Reviers aufgegeben. Nur noch sein linker Ellenbogen berührt die Tischplatte. Auf der Tischseite, die die Kundin mit ihrem linken Arm in Anspruch nimmt, hat er den Arm zurückgezogen.

Als Sitzender muss er ständig zur Kundin aufschauen, die sich inzwischen auch wieder aufgerichtet hat. Seine Waffenwahl fällt daher drastischer aus als die der Kundin, was sich bei den gegenseitigen Anschuldigungen widerspiegeln dürfte.

35

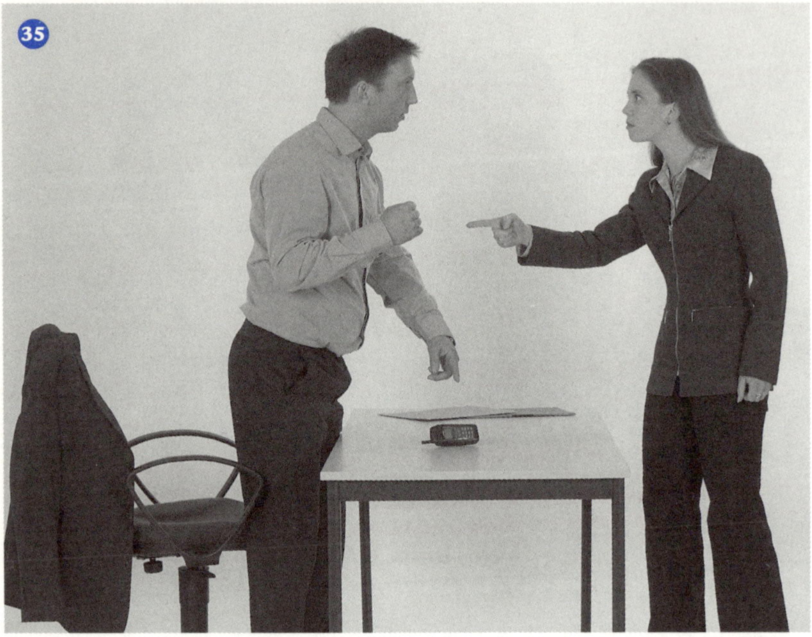

Offene Konfrontation

Nachdem sich beide Gesprächspartner gegenseitig ausreichend darin bestärkt haben, dass es ausschließlich um einen Kampf auf der Beziehungsebene geht, eskaliert auf dem Foto 35 der Streit.

Die körpersprachliche Andeutung eines Kampfes

Ohne die spezielle Konstellation - Kundin und Reklamationssachbearbeiter - hätte die Entwicklung durchaus in eine Schlägerei münden können. So beschränken sich die beiden Streithähne auf die körpersprachliche Andeutung von Kampfhandlungen. Auch hier geht der Sachbearbeiter wieder einen Schritt weiter als die Kundin und ballt seine rechte Faust zum Schlag, während sie sich auf die Drohung mit dem ausgestreckten Zeigefinger beschränkt.

Beide Gesprächsteilnehmer neigen ihre Oberkörper aufeinander zu. Aufgrund ihrer körperlichen Unterlegenheit macht die Kundin sich für eine Ausweichbewegung bereit und dreht ihren Körper etwas zur Seite weg. Ihre zusammengekniffenen Augenbrauen signalisieren immer noch Kampfbereitschaft. Die Finger der linken Hand krümmen sich bereits zur Faust. Obwohl der Sachbearbeiter mit der linken Hand auf das Streitobjekt zeigt, richtet er seinen Angriff mit der rechten Faust direkt gegen die Kundin.

Auch bei schwierigen Gesprächen die Kundenpflege im Blick behalten

Die Sachebene hat in diesem Reklamationsgespräch nie eine Chance gehabt. Reklamationsbearbeitung heißt für diesen Mitarbeiter Einschüchterung der Kundin. Die Ignoranz, die er ihrem Anliegen entgegengebracht hat, macht die Beschwerdeführerin zu einer verlorenen Kundin für das Unternehmen.

Schadensbegrenzung: Das Feuer greift nicht über

Reklamationsgespräche erfordern von Firmenvertretern ein hohes Maß an Stressresistenz. Um negativen Auswirkungen von Stresssituationen aus dem Weg zu gehen, ist es wichtig, sich eine Strategie für den Umgang mit aufgebrachten Kunden anzueignen. Ein Aufheizen des Streits auf der Beziehungsebene macht nicht nur eine Einigung in der Sache unmöglich, es beeinträchtigt auch das Wohlbefinden von Firmenvertreter und Kunde. Bei einer Eskalation des Streits bleibt ein ungutes Gefühl, das auch nicht durch die Gewissheit aufgehoben werden kann, als Sieger aus dem Streit hervorgegangen zu sein.

Versuchen Sie, auf die Sachebene zurückzukehren

In Reklamationsgesprächen müssen Firmenvertreter einen gewissen Gegendruck ausüben, damit sich der Kunde nicht immer weiter in Rage redet. Dabei ist aber auf jeden Fall eine Körpersprache zu vermeiden, die Konfrontation vermittelt. Ein freundlicher, aber bestimmter Auftritt hilft dabei, zur Sach-

Die Schutzbarriere wird errichtet

ebene zurückzukehren. Nicht jeder Wunsch eines Kunden muss bedingungslos akzeptiert werden. Das Ziel, auf das hingearbeitet werden sollte, heißt Befriedung des Konfliktes.

Eine zum Angriff entschlossene Kundin tritt auf dem Foto 36 auf. Sie dringt direkt in das Revier des Firmenvertreters ein, besetzt mit den Fingerspitzen ihrer linken Hand einen Teil seiner Einflusssphäre und rückt ganz nah an die Tischkante heran. Das Reklamationsobjekt, das Handy, hält sie zum Stoß bereit in der rechten Hand. Der grimmige Blick signalisiert Unmut und Ärger über das Produkt der Firma.

So entschärfen Sie die Situation

Der Firmenvertreter hat schon beim Näherkommen der Kundin ihre Kampfbereitschaft wahrgenommen und ist aufgestanden, bevor sie den Tisch erreicht hat. Er kann im Stehen besser ein Gegengewicht zur Kundin aufbauen und die Situation eher ausbalancieren. Um sich nicht auf einen Revierstreit einzulassen, wahrt der Sachbearbeiter Abstand zur Tischkante. Er neigt sich aber etwas zur Kundin hin, um ihr ein weiteres Vordringen in sein Territorium zu erschweren. Um die Situation so schnell wie möglich zu beruhigen, streckt er der Kundin seine offenen Handflächen entgegen. Diese Geste ist mehrdeutig und kann von der Kundin unterschiedlich interpretiert werden. Seine nächsten Schritte wird der Firmenvertreter von der Reaktion der Kundin abhängig machen.

Signalisieren Sie Entgegenkommen

Die Kundin könnte auf die Geste reagieren, indem sie dem Firmenvertreter das reklamierte Objekt zur Begutachtung in die offenen Hände legt. Oder sie könnte die Geste als Beschwichtigungsgeste auffassen und vom Tisch zurücktreten. Bleibt die Kundin stur bei ihrer Angriffshaltung, müsste der Firmenvertreter die Arme mit den geöffneten Handflächen weiter auf sie zuschieben und sie mit den Worten »Darf ich Sie bitten, etwas zurückzutreten!« aus seinem Revier herausdrängen.

Die Geste des Reklamationsbearbeiters hat auf dem Foto 37 Wirkung gezeigt. Die Kundin hat dem Sachbearbeiter das Handy überlassen und hat sich gerade hingestellt. Eine weitere Revierverletzung hat der Firmenvertreter damit unterbunden. Seine Bereitschaft, sich das reklamierte Produkt näher anzusehen, wirkt beruhigend auf die Kundin. Sie fühlt sich ernst genommen und hat ein Teilziel erreicht, nämlich das ihrer Meinung nach zu bemängelnde Produkt wieder in den Einflussbereich des Unternehmens zu bringen.

Das Gefühl geben, ernst genommen zu werden

Der Firmenvertreter unterstützt die allmähliche Beruhigung der Kundin mit einer besänftigenden Geste der linken Hand. Er drückt den Ärger der Kundin so weit herunter, dass ein Gespräch mit klarem Kopf wieder möglich wird. In seinem Auftreten bleibt er bestimmt, er ist näher an den Tisch herangegangen und hält mit der beschwichtigenden Geste die Kundin so weit auf Distanz, dass es nicht zu unnötigen Reibereien kommt.

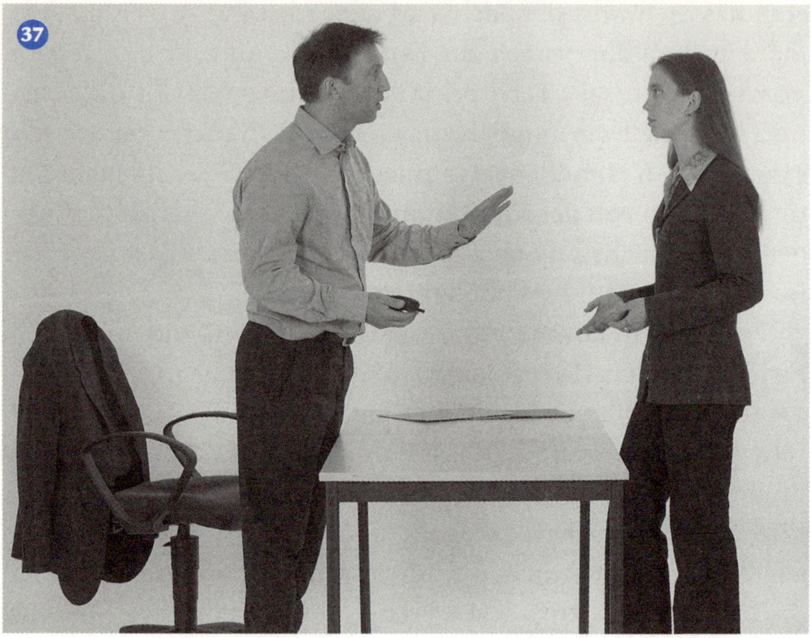

Kontrolle des Funkenfluges

Die Kundin kann hoffen, dass sich das Gespräch in eine für sie akzeptable Richtung entwickelt. Ihr Einverständnis für eine sachliche Auseinandersetzung macht sie dem Firmenvertreter deutlich, indem sie ihrerseits die geöffneten Handflächen präsentiert. Wegdrängen lässt sie sich aber nicht. Sie bleibt dicht am Tisch stehen und wird weiter ihre Interessen vertreten.

Zeigen Sie den Willen zur Einigung

Das körpersprachliche Friedensangebot der Kundin nutzt der Firmenvertreter auf dem Foto 38 für den Versuch eines Schulterschlusses. Er tritt seitlich neben die Kundin, um die frontale Kampfstellung aufzuheben. Damit verlässt er auch seinen Arbeitsplatz und zeigt, dass es ihm nicht um das Abwickeln der Reklamation, sondern um eine Einigung mit der Kundin geht.

Die Kundin reagiert überrascht auf den Stellungs- und Stimmungswechsel. Sie traut dem Frieden nicht ganz und legt

Erste Annäherung

mit dem linken Unterarm eine Barriere vor ihren Oberkörper. Mit der linken Hand umklammert sie den Ellbogen des rechten Armes, als wollte sie sich selbst verbieten, mit dem rechten Arm Aggressionssignale in die Situation zu bringen.

Achten Sie auf körpersprachliche Signale

Auch der Sachbearbeiter hält seine Arme eng am Körper, um der Kundin nicht zu nahe zu treten. Er hat ihren ängstlichen Blick und die Abwehrgeste erkannt und nutzt die Unentschlossenheit der Kundin, um sie mit einem Vorschlag auf seine Sicht der Dinge einzuschwören. Zusammen mit der Kundin bespricht er die angeblichen Mängel und lässt sich von ihr die Probleme schildern. Noch ist nicht klar, ob die Kundin sich seiner Meinung anschließen wird.

Auf dem Foto 39 ist zu erkennen, dass die Kundin noch nicht ganz mit den Vorschlägen des Reklamationsbearbeiters einverstanden ist. Aber er hat es verstanden, die Aggression aus

Befriedungsversuch

dem Gespräch verschwinden zu lassen. Aus der Angriffslust der Kundin ist eine aus ihrer Sicht durchaus berechtigte Skepsis geworden. Mit der linken Hand greift sich die Kundin an ihre Taille. Damit versucht sie zum einen, sich mehr Gewicht in der Situation zu verschaffen, und zum anderen, sich vor einer Überrumpelung zu schützen. Mit der in die Taille gestemmten Hand signalisiert sie, dass sie einen verletzenden Angriff noch nicht ausschließt und Vorbeugungsmaßnahmen immer noch für notwendig erachtet.

Arbeiten Sie auf einen Konsens hin

Der Firmenvertreter hat das Handy zwischen sich und die Kundin gelegt. Er arbeitet weiterhin auf ein gemeinsam getragenes Ergebnis hin. Um der Kundin zu zeigen, dass er bereit ist, ihre Interesssen zu vertreten und sich in seinem Unternehmen für sie einzusetzen, hält er die von ihr reklamierten Punkte fest und fertigt eine Schadensmeldung an.

Kundenzufriedenheit

Dies findet das Wohlwollen der Kundin. Sie sieht den Sachbearbeiter zwar etwas spöttisch und von oben herab an, zeigt damit aber, dass sie das Gefühl hat, sich durchsetzen zu können. Mit dem Verlauf des Gespräches scheint sie zufrieden zu sein.

Halten Sie Blickkontakt

Um die Mimik der Kundin beobachten zu können, hat der Reklamationsbearbeiter seinen Kopf geneigt. Er sieht sie intensiv an. Aus seiner Sicht ist die etwas überhebliche Ausstrahlung der Kundin ein gutes Signal. Wenn die Kundin das Gefühl hat, sich durchgesetzt zu haben, hat er sein Ziel erreicht: Die Kundin ist zufrieden.

Auf dem Foto 40 ist der Konflikt aus dem Weg geräumt, der Schulterschluss ist gelungen. Die Kundin hat den Vorschlag des Firmenvertreters akzeptiert, sie wirkt froh und erleichtert. Ihre Gesichtszüge haben sich entspannt. Mit einem Lächeln zeigt sie ihre Sympathie. Diese Sympathie wird sich über den Firmenvertreter hinaus auch auf das Unternehmen erstrecken. Eine neue Freundin des Unternehmens ist gewonnen.

Am Anfang des Gespräches, auf dem Foto 36, konnte man dieses Ende des Reklamationsgespräches nur in kühnsten Träumen erhoffen. Der Firmenvertreter hat eine besondere Leistung gezeigt, die Reklamation der Kundin kann jetzt in aller Ruhe bearbeitet werden, um herauszufinden, ob ein Bedienungsfehler oder ein Herstellungsfehler vorliegt.

Ihr Ziel: eine Win-Win-Situation

Er weiß aber auch, dass der Sachverhalt noch nicht endgültig geklärt ist, und verhält sich daher nicht übertrieben freundlich zur Kundin. Gleichzeitig mit der Übergabe des Schadensprotokolls zeigt er der Kundin noch einmal die geöffnete Handfläche der linken Hand. Dies ist sein Hinweis darauf, dass er seine Möglichkeiten in der Situation ausgeschöpft hat und jetzt nicht mehr für die Kundin tun kann. Die weitere Bearbeitung der Reklamation obliegt nicht mehr ihm. Er hat sein Ziel erreicht, die Kundin ist nicht nur zufrieden, sondern über das Engagement des Firmenvertreters für ihre Interessen hoch erfreut.

Auf einen Blick

Vom Umgang mit schwierigen Kunden: die Reklamation

Im Blick

- In einem Reklamationsgespräch ist die Beziehungsebene von vornherein beschädigt. Der Kunde wird seinen Ärger, Unmut oder seine Enttäuschung über das Produkt der Firma an dem Firmenvertreter auslassen.
- Bei Reklamationen stehen Firmenvertreter für das Unternehmen ein. Der auf das Unternehmen gerichtete Zorn wird personell adressiert.
- Die meisten Menschen reagieren auf Angriffe ihrer Gesprächspartner mit einem Gegenangriff oder einem Einigeln

in einer Verteidigungsstellung. Beide Reaktionen provozieren aber ihr Gegenüber und schaukeln die Emotionen nur noch höher.

- Bei Reklamationen geht es darum, einen Waffenstillstand auf der Beziehungsebene zu erreichen, damit sachliche Argumente überhaupt wieder greifen können.
- Reklamationsbearbeiter müssen möglichst schnell die Gesprächsinitiative übernehmen. Sonst redet sich der Kunde nur immer mehr in Rage.
- Eine Barriere zwischen den Gesprächsparteien hilft, die Fronten schnell zu klären.
- Kämpfe auf der Beziehungsebene führen nicht zu einem zufrieden stellenden Ergebnis. Wenn es dem Reklamationsbearbeiter gelingt, den Beschwerdeführer zu vertreiben, hat das Unternehmen einen Kunden verloren.
- Die Wahrung eines ausreichenden Abstandes und besänftigende Gesten helfen dabei, den Kunden zu beruhigen.
- Ein körpersprachlicher Schulterschluss stellt Einvernehmen her.
- Sind Zustimmungssignale des Kunden zu erkennen, sollte das Ende des Reklamationsgespräches herbeigeführt werden.

8

Die späte Rache: Störfaktoren in der Konferenz

In Gruppen verstärkt sich die Dynamik der Kommunikationsprozesse. Konferenzen drehen sich nicht nur um Sachthemen, persönliche Auseinandersetzungen können ein Eigenleben entwickeln. Die mangelnde Wertschätzung von Kollegen rächt sich früher oder später und greift von der Beziehungsebene auf die Sachebene über. Die Kooperation im Team setzt ein gutes Verhältnis der einzelnen Mitglieder zueinander voraus. Wir vermitteln Ihnen, wie Sie in Gruppenbesprechungen einzelne Teilnehmer nicht aus den Augen verlieren.

Entscheidungen im Team

Im beruflichen Alltag beschränken sich Gesprächssituationen nicht auf zwei Personen. Häufig werden Entscheidungen in Teams vorbereitet oder getroffen. Werden bei Entscheidungen einzelne Teammitglieder übergangen, dann werden diese versuchen, ihre Meinung bei anderer Gelegenheit durchzusetzen. Noch schlimmer ist es, wenn Anwesende nicht beachtet werden. Menschen, die sich wie Luft behandelt fühlen, deuten dies als Missachtung ihrer Person. Damit wird die Beziehungsebene stark getrübt. Der spätere Kontakt zu diesen ausgegrenzten Kollegen und Mitarbeitern wird von unterschwelligen persönlichen Animositäten begleitet werden.

Um Entscheidungsprozesse in Gruppen aktiv moderieren zu können, müssen Sie Zugang zu den körpersprachlichen Mitteilungen der einzelnen Gruppenmitglieder finden. So können Sie erkennen, welche Bedeutung die Sprecher ihren Wortbeiträgen zumessen: Versuchen sie, sich der Gruppenmeinung anzupassen? Machen sie Ausführungen gegen ihre eigene Überzeugung? Versuchen sie zu provozieren, um Aufmerksamkeit zu erhalten? Schweigen sie, obwohl sie etwas zu sagen hätten?

Besprechungen moderieren

Verhindern Sie, dass sich feste Blöcke bilden

In Konferenzen finden Sie sowohl feste Blockbildungen als auch wechselnde Koalitionen. Mit einer genauen Beobachtung werden Sie herausfinden, wer mit wem übereinstimmt und wo noch Differenzen herrschen. Blockbildungen innerhalb einer Konferenz können Sie an den Sitzhaltungen erkennen: Kollegen mit gleichen Ansichten werden sich einander zuwenden und den übrigen Anwesenden die kalte Schulter zeigen. Bilden sich mehrere Blöcke, die sich körpersprachlich gegeneinander abgrenzen, müssen Sie mit Auseinandersetzungen zwischen diesen Blöcken rechnen.

Günstiger als die Vermittlung zwischen verfeindeten Blöcken ist aber, wenn Sie gar nicht erst zulassen, dass sich die Blöcke verfestigen. Die Einbindung aller Konferenzteilnehmer in die Diskussion hilft Ihnen dabei. So entsteht kein Niemandsland zwischen den Blöcken und der Zusammenhalt aller Beteiligten kann gestärkt werden.

Verlieren Sie passive Teilnehmer nicht aus dem Blick

Wichtig ist auch, dass Sie die passiven Teilnehmer nicht aus dem Blick verlieren. Suchen Sie immer wieder den Kontakt zu ihnen und binden Sie sie in Entscheidungsprozesse ein. Dabei müssen Sie mit Fingerspitzengefühl vorgehen. Vermitteln Sie den ruhigeren Konferenzteilnehmern nicht das Gefühl, sie vorführen zu wollen. Auch wenn sich aus der Einbindung der schweigenden Kollegen keine wesentlich neuen Beiträge für die Diskussion ergeben, haben Sie dennoch eine Leistung vollbracht: Sie haben anderen Teilnehmern Wertschätzung entgegengebracht. Dies verhindert, dass diese aus Trotz Blockaden oder Abwehrhaltungen einnehmen. Das damit bewirkte Wir-Gefühl macht es diesen Teilnehmern leichter, eine Entscheidung zu akzeptieren und auch später mit zu tragen.

Wahren Sie den Blickkontakt zu allen Anwesenden

Um in Konferenzen optimale Ergebnisse erzielen zu können, kommt es darauf an, Körpersignale wahrzunehmen und richtig zu deuten. Der Blickkontakt zu allen Anwesenden ist wichtig, damit die zwischenmenschliche Komponente der Diskussion genauso berücksichtigt werden kann wie die vorgetragenen Sachargumente.

Die folgenden Fotos führen Ihnen vor Augen, wie leicht es geschehen kann, dass Teilnehmer in einer Konferenz ausgegrenzt werden. Sie sehen, woran man Blockbildungen erkennen kann und wie heftig die Reaktionen von ausgegrenzten Kollegen ausfallen können. Im Anschluss daran zeigen wir Ihnen, wie Sie mithilfe von Körpersprache einen Integrationskurs verwirklichen können. Sie sehen, wie sich Einigung erzielen lässt, ohne die eigene Position aufzugeben.

Zwei zu eins: Entscheidungen über den Kopf hinweg

Kollegen, mit denen man im beruflichen Alltag intensiver zu tun hat, bekommen oft einen höheren Stellenwert bei Entscheidungen und Absprachen als diejenigen, mit denen man keine persönlichen Kontakte pflegt. Es ist ein typisches Phänomen, dass Menschen sich in Gruppen eher an diejenigen halten, die sie schon kennen.

Grabenkämpfe zwischen einzelnen Abteilungen

Im betrieblichen Alltag ergeben sich daraus häufig Grabenkämpfe zwischen einzelnen Abteilungen und deren Repräsentanten. Jeder versucht, die eigenen Arbeitsergebnisse in einem möglichst guten Licht dastehen zu lassen und sich gegen die Forderungen der anderen Abteilungen abzuschotten. Auf den nun folgenden Fotos sehen sie eine ähnliche Konstellation:

Eine Marketingreferentin und der Produktmanager versuchen von vornherein, Einwände der Vertriebsleiterin abzublocken.

Zwei gegen eine

Das Foto 41 zeigt eine ganz klare Koalition zweier Verbündeter gegen eine Außenseiterin: Der rechts sitzende Produktmanager und die in der Mitte sitzende Marketingreferentin blocken von Anfang an Einwände gegen ihre kreativen Konzepte ab, die von der links sitzenden Vertriebsleiterin kommen könnten. Mit den zur Vertriebsleiterin hingestreckten rechten Armen versuchen die Marketingreferentin und der Produktmanager, diese auf Distanz zu halten. Der doppelte Angriff zeigt sogleich Wirkung. Die Vertriebsleiterin weicht mit dem Oberkörper zurück und blickt den vor ihr sitzenden Block aus zwei Personen erstaunt an.

Doppelter Angriff

Die Marketingreferentin zeigt besonders deutlich ihre Abneigung gegen Einwürfe aus dem Vertrieb: Sie hat beide Beine von der Vertriebsleiterin weggeschoben und ist auch mit ihrem Oberkörper deutlich auf Distanz gegangen. Ein Schulterschluss zwischen Marketing und Produktmanagement wird schon zu Beginn der Gespräches sichtbar.

Alle drei Personen halten sich mit zumindest einer Hand am Tisch fest und versuchen damit, ersten Einfluss geltend zu machen. Als Reaktion gegen die vor ihr errichtete Wand hat die Vertriebsleiterin die linke Hand zur Faust geballt und sie an die Tischkante gelegt. Sie reagiert damit auf die abwehrenden Gesten ihrer beiden Gesprächspartner.

Ins Abseits gedrängt

Auf dem Foto 42 ist die Vertriebsleiterin bereits endgültig ins Abseits gedrängt worden. Sie hat den Blickkontakt zu ihren Gesprächspartnern abgebrochen und sieht mit verkniffenem Mund in die Ferne. Ihre Hände hat sie abwartend übereinander gelegt. Mit dem Zeigefinger ihrer rechten Hand tippt sie jedoch ungeduldig auf die Tischplatte. Sie ist mit der Situation unzufrieden, wartet aber passiv auf eine erneute Einbindung in das Gespräch. Der linke Unterschenkel ist leicht vor den rechten Unterschenkel gelegt. Damit wendet sich die Vertriebsleiterin von ihren Gesprächspartnern ab.

Der so genannte »Körpertanz«

Der Produktmanager und die Marketingreferentin haben sich einander zugewandt und zeigen ein körpersprachliches Phänomen, das »Körpertanz« genannt wird. Eine besondere Übereinstimmung zwischen zwei Menschen lässt sich oft an den simultan verwendeten Körpersignalen ablesen. Verliebte greifen oft gleichzeitig zum Weinglas, streichen sich gleichzeitig über die Haare und legen im selben Moment den Kopf schief. Die gegenseitige Zuneigung ist in privaten Situationen sehr deutlich zu sehen. Aber auch Geschäftspartner, die gleiche Interessen verfolgen, zeigen dieses Phänomen und greifen gleichzeitig zum Glas oder der Kaffeetasse, verändern ihre Sitzposition simultan oder benutzen ihre Servietten mit der gleichen Gestik.

Auf unserem Foto bildet die Körpersprache des Produktmanagers und der Marketingreferentin eine deutliche Symmetrie.

Ins Abseits gestellt

Die gegenüberliegenden Arme stützen beide mit dem Ellbogen auf der Tischplatte ab und halten ihre Hände am Revers. Die anderen gegenüberliegenden Arme werden beide auf dem Oberschenkel abgestützt. Auch ihre Beinhaltung ist symmetrisch und stark zueinander gewandt, sodass sich die Knie fast berühren. Der gegenseitige Nase-Nabel-Kontakt zeigt, dass die Aufmerksamkeit nur dem gegenübersitzenden Gesprächspartner gilt.

Ausschließende Konzentration

Der Schulterschluss zwischen Marketingreferentin und Produktmanager wird auf dem Foto 43 auch körpersprachlich sichtbar. Die beiden sitzen nicht mehr einander gegenüber, sondern sind aneinander gerückt und gehen den Projektbericht durch. Zur Vertriebsleiterin hat die Marketingreferentin eine Barriere errichtet und hält sie damit vom Projektbericht fern: Sie stützt ihren rechten Ellbogen auf dem Tisch ab und streckt den Unterarm quer über die Tischplatte.

Einwände unerwünscht

Übereinstimmende Körpersprache der Koalitionspartner

Wieder wird eine besondere Symmetrie zwischen den Koalitionspartnern sichtbar. Die Haltung der Oberkörper und Arme wirkt wie gespiegelt. Der Produktmanager vollzieht mit der linken Hand die Aufzählungsgesten der Marketingreferentin andeutungsweise nach. Die zueinander gewandten Arme liegen beide mit dem Unterarm auf der Tischplatte auf, und auch die Handhaltung lässt eine Ähnlichkeit erkennen. Den Kopf neigen die beiden Gesprächspartner einander zu und sind völlig in die Mappe mit den Berichten versunken. Auch mit den Beinen suchen Marketingreferentin und Produktmanager schon den Körperkontakt. Besonders die Marketingreferentin wendet dem Produktmanager ihre Beine noch stärker zu als den Oberkörper.

Die besondere Vertraulichkeit, die die ausgeschlossene Vertriebsleiterin unabhängig von den unter dem Tisch befindlichen Beinen auch an den aneinander gelegten Unterarmen erkennen kann, lässt ihr keine Chance. Nach wie vor tippt sie ungeduldig mit dem Zeigefinger der rechten Hand auf die Tischplatte. Ihre Geduld ist jedoch erschöpft. Die linke Hand liegt jetzt nicht mehr auf dem Handgelenk der rechten auf, sondern bildet eine Faust.

Abschied im Zorn

Die Barriere, die die Marketingreferentin mit ihrem rechten Arm aufgebaut hat, drängt die Vertriebsleiterin noch weiter aus dem Gespräch heraus. Sichtbar wird dies auch durch den zur rechten Seite geneigten Oberkörper der Vertriebsleiterin. Der spöttische Gesichtsausdruck mit den fast geschlossenen Augen macht deutlich, dass sie mit der Situation abgeschlossen hat und nicht bereit ist, sich weiter an der Konferenz zu beteiligen.

Innere Emigration

Was sich schon angedeutet hatte, wird auf dem Foto 44 in die Tat umgesetzt. Die Vertriebsleiterin verlässt ohne einen

Blick zurück die Konferenz. Mit starr geradeaus gerichtetem Blick zeigt sie, dass sie einen weiteren Kontakt zum Produktmanager und der Marketingreferentin ablehnt. Die linke Hand ist zur Faust geballt und zeigt deutlich, dass die Auseinandersetzung an anderer Stelle ausgetragen wird. Mit der sehr aufrechten Körperhaltung und dem dynamischen Schritt wirkt die Vertriebsleiterin wie ein marschierender Soldat. Sie befindet sich auf einem taktischen Rückzug, die Entscheidungsschlacht steht aber noch bevor.

Ein offensichtlicher Riss in der Kommunikation

An den Blicken der beiden anderen ist Erstaunen abzulesen, ihre Augen sind weit geöffnet. Für beide kommt die Entwicklung überraschend, da sie die Vertriebsleiterin in letzter Zeit gar nicht mehr wahrgenommen hatten. Der Riss in der Konferenz wird noch einmal durch die unterschiedliche Belegung des Tisches sichtbar: Auf der Seite von Produktmanager und Marketingreferentin liegt die Mappe mit dem Projektbericht. Die auf dem Tisch aufliegenden Hände umgrenzen den Bereich, in dem Entscheidungen fallen. Die Tischhälfte, an der die Vertriebsleiterin gesessen hat, ist leer und verwaist.

Integrationsleistung: ein gemeinsam getragenes Ergebnis

Wichtig: die Beteiligung aller an der Entscheidungsfindung

Damit im Berufsalltag keine emotionalen Störpotenziale aufgebaut werden, dürfen Entscheidungen nicht über die Köpfe von Beteiligten hinweg getroffen werden. Es geht dabei nicht darum, es allen recht machen zu wollen, sondern darum, die Meinungen aller einzuholen. Fühlen sich Kollegen oder Mitarbeiter ausgegrenzt oder in ihrer Sicht der Dinge missachtet, werden sie früher oder später zurückschlagen. Eine zerstörte Beziehungsebene ist nur schwer wieder zu heilen. Daher ist es besser, von vornherein alle Beteiligten an der Ergebnisfindung zu beteiligen, damit sich Störungen im zwischenmenschlichen

Bereich nicht verselbstständigen. Abgesehen von einer intakten Beziehungsebene erhält man durch Kooperationswillen, der alle einbezieht, Zugriff auf Ideen, die sonst unter den Tisch gefallen wären.

Die Balance zwischen den Gesprächspartnern wahren

Der Produktmanager eröffnet auf dem Foto 45 die Besprechung mit einer einladenden Geste. Er fordert die Vertriebsleiterin und die Marketingreferentin mit offenen Händen auf, ihre Gesprächsbeiträge zu liefern. Die Balance zwischen den Gesprächspartnern ist in dieser Konferenzeröffnung gewahrt. Alle Beteiligten richten sich auf den imaginären Mittelpunkt des durch ihre Sitzposition gebildeten Dreiecks aus.

Drei Musketiere

Die an dem kritischen Blick der Vertriebsleiterin deutlich erkennbare Skepsis nehmen die Marketingreferentin und der Produktmanager zum Anlass, sich ihr gegenüber betont freundlich zu verhalten. Beide suchen den Blickkontakt zu ihr, um sie in die Entscheidungsfindung einzubinden. Da es in der Konferenz natürlich auch um die Interessen der eigenen Abteilungen geht, versucht jeder der Gesprächspartner, seinen Einflussbereich abzustecken. Alle sind an den Tisch gerückt und legen die Hände auf den Tisch oder halten sie knapp darüber.

Jeder Gesprächspartner steckt seinen Bereich ab

Eine gewisse Abgrenzung gegeneinander ist im Verhältnis der beiden Frauen zu erkennen. Die Marketingreferentin versucht, mit ihrem rechten Unteram die Vertriebsleiterin abzuschotten, wendet ihr aber mit einer leichten Drehung des Oberkörpers Aufmerksamkeit zu. Die Vertriebsleiterin tippt ungeduldig mit dem rechten Zeigefinger auf die Tischplatte und hat die linke Hand zur Faust geballt. Sie erwartet augenscheinlich, dass sie für ihre Vorschläge kämpfen werden muss.

Integration durch Offenheit und Freundlichkeit

Der Produktmanager hat diese ersten Anzeichen im Verhalten der beiden Frauen erkannt und bemüht sich gegenzuwirken. Zum einen, indem er seinen Oberkörper auf die Lücke zwischen Vertriebsleiterin und Marketingreferentin ausrichtet, und zum anderen, indem er mit offenen Handflächen und freundlichem Lächeln agiert. Unter dem Tisch zeigt sich an seiner Beinhaltung durchaus ein gewisses Dominanzstreben. Er hat die Beine mehr als üblich gespreizt und will so männliche Stärke dokumentieren. Da seine Beinhaltung von den beiden anderen Gesprächsbeteiligten nicht erkennbar ist, sollten sich hieraus aber keine Störungen ergeben.

Auf dem Foto 46 liefert der Produktmanager weiterhin die Gesprächsimpulse. Die durch die gespreizten Beine ausgedrückte dominante Tendenz ist zurückgenommen worden. Um der Marketingreferentin und der Vertriebsleiterin den bisherigen Stand des Projektes zu erläutern, verweist er mit offener Handfläche auf einige Ergebnisse. Die Mappe hat er so gedreht, dass sie in der Blickrichtung seiner beiden Kolleginnen liegt. Dies bringt ihm gleichgerichtete Aufmerksamkeit ein: Beide Zuhörerinnen blicken interessiert in den Projektbericht.

Die Köpfe werden zusammengesteckt

Die Marketingreferentin hat ihre Abschottung gegenüber der Vertriebsleiterin aufgehoben und ihren rechten Unterarm, der vorher noch auf dem Tisch lag, auf den Oberschenkel gelegt.

Mit zur Seite geneigtem Kopf dokumentiert die Vertriebsleiterin Interesse an den Projektergebnissen. Sie gibt ihre ungeduldige und angriffslustige Haltung auf und integriert sich selbst mehr ins Gespräch. Die linke Hand hat sie weiter geöffnet, eine Faust ist nicht mehr zu erkennen und den ungeduldigen Zeigefinger der rechten Hand nutzt sie jetzt, um sich an das eigene Konzept zu halten. Der Produktmanager hat es geschafft, alle Beteiligten auf eine sachliche und freundlich geführte Debatte einzustimmen.

Die Integration gelingt

Statt einer Abwendung von ihren Gesprächspartnern zeigt die Vertriebsleiterin auf dem Foto 47 Engagement für die Sache. Ihre linke Hand weist auf den Projektbericht, während sie ihre Ausführungen macht. Der weiterhin seitlich geneigte Kopf

Integrationsleistung

verdeutlicht ihren Willen zur Integration in die Gruppe. Auch die Marketingreferentin hat ihren Kopf leicht geneigt und zeigt so ihre Kooperationsabsichten. Mit Unterwürfigkeit sollten die Kopfhaltungen der Konferenzteilnehmerinnen jedoch nicht verwechselt werden. Beide sind nach wie vor bereit, für ihre Interessen einzustehen.

Die Vertriebsleiterin reklamiert momentan einen großen Teil des Tisches als ihr Revier, was bei der Marketingreferentin zu einer angedeuteten Blockadehaltung führt. Sie hat beide Hände vor ihrem Oberkörper auf die Tischplatte gelegt und die Ellbogen zur Abwehr etwas ausgefahren.

Den Abstimmungsprozess beobachten

Der Produktmanager hält sich in dieser Phase zurück und beobachtet die Abstimmungsprozesse zwischen der Vertriebsleiterin und der Marketingreferentin. Er sitzt bewusst aufrecht und betrachtet das Geschehen aus der Vogelperspektive. Trotz seines freundlichen Gesichtsausdruckes macht er sich mit den

Produktive Auseinandersetzung

leicht gekrümmten Fingern seiner beiden Hände für eine mögliche Intervention bereit.

Das Foto 48 zeigt eine freundlich geführte Auseinandersetzung. Auch wenn die Gesten der Vertriebsleiterin und des Produktmanagers vermuten lassen, dass es auf der inhaltlichen Ebene hoch hergeht, zeigen das Lächeln auf den Gesichtern und der offene Augenkontakt, dass die Stimmung immer noch gut ist.

Kooperationsbereitschaft wird durch Gesten unterstrichen

Die vermittelnde Position nimmt jetzt die Marketingreferentin ein. Sie hält ihre offene rechte Hand zwischen die unterschiedlichen Ansichten der Vertriebsleiterin und des Produktmanagers. Auch diese beiden operieren mit offenen Gesten und bestätigen dadurch die kooperationsbereite Grundstimmung. Die Vertriebsleiterin hält die rechte Hand mit nach oben gerichteter Handfläche vor sich, mit der linken macht sie eine Abgrenzung zur anderen Position deutlich.

Der Produktmanager gestikuliert zwar mit zwei offenen Händen, jedoch zielt er mit beiden Zeige- und Mittelfingern auf die Vertriebsleiterin und drückt so aus, dass er nicht ganz einverstanden ist. Dazu hat er sich mit dem Oberkörper über den Tisch gebeugt, um mehr Einfluss zu gewinnen. Dies hat die Vertriebsleiterin zu einem Zurückweichen veranlasst. Sie sitzt jetzt aufrechter als zuvor.

Wichtig: ein für alle tragbares Ergebnis

Immer noch besteht zwischen den Gesprächspartnern die stillschweigende Übereinkunft, auf ein gemeinsames Ergebnis hinzuarbeiten. Ihre Gesten zielen weiterhin auf den imaginären Mittelpunkt des von ihnen gebildeten Gesprächsdreiecks. Niemand wird ausgegrenzt, es werden keine Koalitionen gesucht, um einen einzelnen Gesprächspartner aus dem Gespräch herauszudrängen. Jeder an der Konferenz Beteiligte arbeitet darauf hin, seine Interessen umzusetzen, berücksichtigt dabei aber auch die Vorstellungen der anderen. Gemeinsam wird auf einen für alle tragbaren Konsens hingearbeitet.

Auf einen Blick

Die späte Rache: Störfaktoren in der Konferenz

Im Blick

- In Gruppen verstärkt sich die Dynamik der Kommunikationsprozesse. Feste Blockbildungen treten ebenso auf wie wechselnde Koalitionen.
- Passive Teilnehmer an Konferenzen fühlen sich leicht übergangen, wenn sie nicht mit in die Entscheidungen integriert werden.
- Die genaue Beobachtung aller Anwesenden hilft zu erkennen, wo sich gerade Koalitionen bilden und ob sich jemand aus der Diskussion zurückzieht.
- In Konferenzen ausgegrenzte Kollegen tragen diese Störung der Beziehungsebene in den Arbeitsalltag hinein. Es kann

nach der Konferenz zu Streitigkeiten kommen, die auf den ersten Blick unbegründet erscheinen.

- Kollegen, die sich näher kennen, neigen dazu, sich in Konferenzen nur untereinander auszutauschen. Andere Firmenangehörige werden schnell ausgegrenzt.
- Das Abblocken von Kollegen ist an körpersprachlichen Barrieren und der Bildung von Koalitionsrevieren auf dem Konferenztisch zu sehen.
- Der so genannte Körpertanz, die simultane Verwendung von Körpersignalen, zeigt eine besonders intensive Übereinstimmung zwischen Menschen.
- Wenn alle an der Konferenz Beteiligten in die Ergebnisfindung integriert werden, bleibt nicht nur die Beziehungsebene intakt, sondern auch die Kreativität wird gestärkt, da keine Ideen mehr unter den Tisch fallen.
- Kooperationswillige Konferenzteilnehmer richten ihre Gesprächsimpulse in den imaginären Mittelpunkt des durch die Sitzpositionen gebildeten Areals.
- Der Blickkontakt sollte zwischen allen Anwesenden wechseln, um deren körpersprachliche Signale schnell erkennen zu können.
- Um Revierkämpfe zu vermeiden, sollten die Gesprächspartner nicht zu nah an den Tisch heranrücken.
- Eine offene Körperhaltung und offene Gesten laden die anderen Konferenzteilnehmer zur Äußerung eigener Meinungen ein.

Erst kommt die Körpersprache – dann das Wort

Durch die Auseinandersetzung mit unserem Ratgeber zur Körpersprache haben Sie einen besseren Zugang zum Verständnis von Kommunikationsprozessen, insbesondere in beruflichen Situationen, gefunden. Wir haben Sie Schritt für Schritt damit vertraut gemacht, wie Körpersprache wirkt und was Sie tun können, damit Ihre Körpersprache eine positive Wirkung auf andere hat.

Steuern Sie Fehlentwicklungen rechtzeitig entgegen

Mit Ihren verbesserten Beobachtungsfähigkeiten erkennen Sie jetzt viel bewusster die Absichten anderer. Sie können bei Fehlentwicklungen rechtzeitig gegensteuern und in Gesprächssituationen aktiv auf Ihre Ziele hinarbeiten. Konflikte nehmen Sie schon im Entstehungsstadium wahr. Sie erkennen, ob man Ihnen in Kampfstimmung oder kooperationsbereit gegenübertritt. Veränderungen in der Körpersprache signalisieren Ihnen, dass Ihrem Gesprächspartner momentan etwas missfällt oder Sie gerade sein Interesse geweckt haben.

Die Beschäftigung mit den Signalen und Kommentaren des Körpers wird sicherlich auch Sie fasziniert haben. Auch wenn es noch einiger Übung bedarf, bis Sie Ihre Wahrnehmung für körpersprachliche Signale so geschärft haben, dass Ihnen nichts Wesentliches mehr entgeht, werden Sie doch jetzt schon Aha-Effekte haben. Sie werden in Zukunft häufiger Körpersignale erkennen, die Ihnen helfen, die Wortäußerungen anderer richtig zu deuten. Bei Widersprüchen zwischen verbalen und nonverbalen Mitteilungen, die Sie bisher wahrscheinlich unbewusst registriert haben, werden Sie jetzt aufhorchen. Mit gezieltem Nachfassen können Sie herausfinden, was Ihr Gegenüber wirklich will.

Möglichkeiten und Grenzen Ihrer geschärften Wahrnehmung

Der bessere Zugang zu den Absichten und Einstellungen anderer muss für Sie nicht notwendigerweise bedeuten, dass Sie ab sofort durchweg verständnisvoll reagieren. Ebenso wenig müssen Sie die Ergebnisse Ihrer Beobachtungen mit Ihren Gesprächspartnern ausdiskutieren. Erkennen Sie beispielsweise, dass jemand mit seinen Gedanken völlig abwesend ist und sich trotz anders lautender Beteuerungen nicht konzentrieren kann, wird es nichts bringen, ihn mit den widersprüchlichen Aussagen seiner Körpersprache zu konfrontieren. Akzeptieren Sie, dass Sie in dieser Situation nicht weiterkommen, und wählen Sie einen besser geeigneten Zeitpunkt, um Gehör für Ihr Anliegen zu finden.

Sie können Anspannungen entschärfen

Da es im Berufsleben um die Durchsetzung von Interessen geht, herrscht oft eine besondere Anspannung zwischen Mitarbeitern und Vorgesetzten, Verkäufern und Einkäufern oder Kollegen aus unterschiedlichen Abteilungen. In diesen Situationen kommt es häufig zu körpersprachlichen Signalen, die Kampfsituationen auslösen. Eine Verständigung ist dann nur noch schwer möglich. Sie wissen jetzt, welche Signale Sie selbst senden und können diese geeignet modifizieren. Auf Kampfsignale anderer müssen Sie nicht mehr automatisch einsteigen. Sie haben Ihr Gespür für menschliche Beziehungen vertieft, wissen, was vor sich geht, und können Situationen zu Ihrem und dem Wohl des Gesprächspartners entschärfen. Statt unbewusst Konfrontation zu schaffen, werden Sie zukünftig bewusst auf Kooperation hinarbeiten.

Im Beruf wechseln die Ziele, die Sie im Kontakt mit anderen verfolgen wollen oder müssen, ständig. Ein immer währender »Schmusekurs« bringt Sie ebenso wenig weiter wie ständige Konfrontation. Es gibt kein Verhalten, das für jede Situation und jeden Anlass geeignet ist. Sie müssen flexibel reagieren können, um Ihre Ziele durchzusetzen und die Erwartungen anderer zu erfüllen. Probleme lösen sich im beruflichen Alltag nicht von allein. Sie werden oft eingreifen müssen, um Blockaden aus dem Weg zu räumen und Impulse zu geben. Sie wissen nun, dass Sie mit Worten allein häufig nicht weiterkommen. Sie werden Ihre eigene Körpersprache gezielt einsetzen müssen, um stimmig und überzeugend zu wirken. Daneben müssen Sie die Körpersprache anderer im Blick behalten, um Widerstände genauso erkennen zu können wie Zustimmung.

Das Erlernen der Körpersprache ist nicht nur eine Möglichkeit, bewusster mit sich und anderen Menschen umzugehen. Es ist auch ein Karrierefaktor. Da Sie Ihren Mitmenschen über die Körpersprache mitteilen, wie Sie sich selbst sehen und welches Verhältnis Sie zu anderen haben, drücken Sie über die Körpersprache auch aus, ob Sie über die viel beschworenen Soft Skills verfügen. Teamfähigkeit, Überzeugungskraft und Durchsetzungsvermögen machen Sie eher mit Ihrer Körpersprache sichtbar als mit den Worten, die Sie verwenden. Sie müssen eine kooperative Atmosphäre schaffen, kongruent kommunizieren und berufliche Situationen in Ihrem Sinne beeinflussen können. Dazu müssen Sie die Königsdisziplin der Kommunikation – die Gestaltung der Beziehungsebene durch Körpersprache – beherrschen.

Kenntnisse der Körpersprache sind ein Karrierefaktor

Wenn Ihnen unser Ratgeber Lust auf mehr gemacht hat und Sie tiefer in die Geheimnisse der Körpersprache eindringen möchten, laden wir Sie herzlich ein, an einem unserer Seminare teilzunehmen. Aktuelle Termine und Veranstaltungsorte finden Sie im Internet unter *www.erfolgscoaches.de.* Spezielle Tipps und Strategien für Ihren überzeugenden Redeauftritt mit über 60 Fotos zur Körpersprache finden Sie in unserem Rhetorikbuch *Optimal präsentieren. So überzeugen Sie mit Körpersprache.*

Viel Spaß bei der Anwendung Ihres neuen Wissens wünschen Ihnen

Christian Püttjer und *Uwe Schnierda*

Register

Profi-Tipps für den Karriere-Kick

Ob Ein-, Auf- oder Umsteiger: Im Mittelpunkt der Ratgeber von Püttjer & Schnierda steht stets die Umsetzbarkeit der Bewerbungsstrategien durch den Ratsuchenden. Praxisorientierung und Berufsbezogenheit werden ganz groß geschrieben. Die Autoren vermitteln kein Allerweltsschema, das auf jeden Leser passt. Stattdessen kann jeder Bewerber mithilfe dieser Ratgeber seine individuelle Strategie entwickeln. Qualität, Originalität, eine frische Sprache und klare, eindeutige Tipps – das sind die Markenzeichen dieser Bewerbungs- und Karriereratgeber.

Im Campus Verlag sind bisher vom Erfolgsduo Püttjer & Schnierda erschienen:

- **Überzeugen mit Anschreiben und Lebenslauf** Die optimale Bewerbungsmappe für Um- und Aufsteiger
- **Souverän im Vorstellungsgespräch** Die optimale Vorbereitung für Um- und Aufsteiger
- **Vom Bewerber zum Wunschkandidaten** Die optimale Bewerbungsmappe für Hochschulabsolventen
- **So überzeugen Sie im Bewerbungsgespräch** Die optimale Vorbereitung für Hochschulabsolventen
- **Professionelle Bewerbungsberatung für Führungskräfte** Der Praxisratgeber für Ihren beruflichen Erfolg
- **Assessment-Center-Training für Führungskräfte** Die wichtigsten Übungen – die besten Lösungen
- **Optimal präsentieren** So überzeugen Sie mit Körpersprache
- **Erfolgsfaktor Körpersprache** Sicher auftreten im Beruf
- **Körpersprache im Assessment-Center** Sicher auftreten – souverän überzeugen
- **Erfolgreich im Assessment-Center** Das Trainingsprogramm für Hochschulabsolventen
- **Die gelungene Online-Bewerbung** Vom ersten Kontakt zum Vorstellungsgespräch
- **Wiedereinstieg für Frauen** Optimale Bewerbungsstrategien nach der Familienpause
- **So schaffen Sie den Einstieg** Bewerbungstraining für Schulabgänger